qendra
multimedia

AIDAN HEHIR
DAVID FRANKUM

HE FLOWERS
F SREBRENICA

LULET E
SREBRENICËS

Pristina/Prishtinë 2022

AIDAN HEHIR
DAVID FRANKUM

THE FLOWERS OF SREBRENICA
LULET E SREBRENICËS

Translation from English into Albanian/
Përkthimi nga gjuha angleze në shqipe: Gazmend Bërlajolli

Editor/Redaktore e botimit: Aurela Kadriu

Botues: Qendra Multimedia, Prishtinë
www.qendra.org / info@qendra.org

Design and layout/Dizajni dhe thyerja grafike: project.graphics

Print/Shtypi: Printing Press

CONTENTS
PËRMBAJTJA

FOREWORD

With this book Aidan Hehir gives us an unusual reflection on Srebrenica, unusual for a scholar more accustomed to dissecting the norms and practices of international politics. He narrates a road trip that captures with precision the familiarity and strangeness, for an Irishman, of the luscious landscape of Bosnia; the local people's moods, which are quick to shift from normalcy and irony to fear, sadness, hurt, and back; their enduring belief in conspiracies and their illogical use of counterfactuals as proof of unexplained evidence; and the uneasy interaction between even the most sympathetic outsider and those who have survived genocide. From beginning to end, the author never ceases to find wanting the moral disengagement of bystanders, including himself.

Anna Di Lellio, Ph.D.
Part-Time Professor of Politics
Program in International Relations
New York University

Srebrenica, and what happened there, is such a devastatingly huge subject, the scale of it is hard to digest. And yet Aidan Hehir draws out the human elements of the story with delicacy, elegance and wit. He finds a way to talk about genocide, trauma and memory, and the marks that such appalling acts leave on communities, with a rare lightness of touch and a poetic sensibility.

Natasha Tripney
Journalist and theatre critic

PARAFJALË

Me këtë libër, Aidan Hehir na ofron një reflektim të pazakontë për Srebrenicën. I pazakontë për një studiues i cili rëndom është më iprirur të zbërthejë normat dhe praktikat e politikave ndërkombëtare. Ai rrëfen një udhëtim i cili me precizitet kapë atë që është e njohur dhe atë që është e huaj për një irlandez në peisazhin joshës të Bosnjës: disponimet e vendorëve, të cilat shumë shpejt shndërrohen ndërmjet normales dhe ironisë tek frika, trishtimi, dhimbja; besimin e tyre këmbëngulës në konspiracione dhe përdorimin e palogjikshëm nga ta të shembujve të largët nga faktet si dëshmi për prova të pashpjeguara.; dhe ndërveprimi i pakëndshëm ndërmjet një të huaji ndoshta ndër më empatikët dhe atyre që kanë mbijetuar gjenocidin. Nga fillimi deri në fund, autori kurrë nuk ndalon së njohuri shkëputjen morale të vëzhguesve të jashtëm, duke përfshirë edhe vetveten, në lidhje me ngjarjet që kishin ndodhur në Bosnjë.

Anna Di Lellio, Ph.D.
Profesore me gjysëm-orari e Politikave
Programi i Marrëdhënieve Ndërkombëtare
Universiteti i Nju Jorkut

Srebrenica dhe ajo që ka ndodhur atje është një temë e madhe, tepër e dhimbshme dhe është vështirë të kapërdihet. Megjithatë, Aidan Hehir me delikatesë, elegancë e zgjuarsi nxjerr elementet njerëzore të tregimit. Ai me një lehtësi të rrallë të ndjeshmërisë poetike, gjen një mënyrë për të folur për gjenocidin, traumën dhe kujtesën dhe shenjat që veprime të tilla tmerruese lënë në komunitete.

Natasha Tripney
Gazetare dhe kritike teatri

PART I:
TO SREBRENICA

PJESA I:
PËR NË SREBRENICË

"I will buy for you a vegetarian sandwich..."

"Po ta blej një sanduiç vegjetarian..."

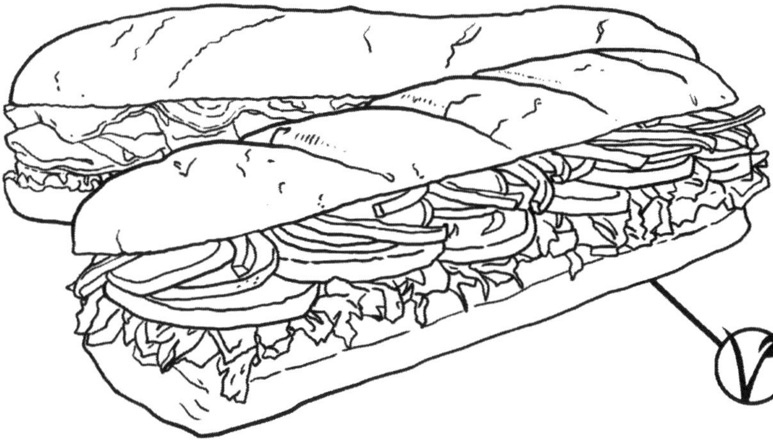

"My name is Mustafa," he says. "Good morning. I am your tour guide."
I stand.
"I'm Aidan," I say. "Good to meet you."
We shake hands.
He nods.
So do I.
"Yes," he says. "Ok."
He shrugs and holds out his hands.
"Yes. Let us go now to the car."
"Ok," I say.

We walk briskly through Sarajevo's winding backstreets.
"Where is this name 'Aidan' from?" he asks.
"Ireland," I say, "I'm Irish."
"Ok," he smiles. "Like the actor Aidan Quinn, yes?"
"Yes," I say.
"Ok," he nods.

We get to the car.
He stops.
"Aidan," he asks, "the agency; they tell me you are a vegetarian?"
"Yes," I say. "I am."
He nods solemnly; "I had to check."
"Ok," I say.
We get into the car.
"I must first drive to get us sandwiches," he says, "for our lunch. For later."
"Yes," I say. "Ok."
"Yes," he says, and we set off.
We drive by the Miljacka River.
Mustafa points at a bridge ahead;
"This is the Latin Bridge."
"Yes. I went there yesterday."
"Ok," he says. "It is where the Archduke was killed."
"Yes," I say. "Where World War One started."

“Unë jam Mustafa”, më thotë. “Mirëmëngjes. Jam ciceroni yt”.
Çohem.
“Unë jam Aidan”, i them, “më vjen mirë”.
Shtrëngojmë duart.
Ai tund kryet.
Edhe unë e tund.
Ai rrudh supet dhe zgjat duart.
“Mirë. A të shkojmë te vetura tash”?
“Po”, ia kthej.

Ecim shpejt rrugicave të përdredhura të Sarajevës.
“Nga vjen ky emri Aidan?” më pyet.
“Nga Irlanda”, i them, “Jam irlandez”.
“OK”, buzëqesh, “si ai aktori Aidan Quinn, a po”?
“Po”, ia kthej.
“OK”, tund kryet.

Afrohemi te vetura.
Ai ndalet.
“Aidan”, ma bën, “agjencia më thotë se je vegjetarian”!
“Po”, i them, “jam”.
Tund kryet solemnisht; “M’u desh me u vërtetu”.
“OK”, ia bëj.
Hyjmë në veturë.
“Së pari duhet të shkojmë me marrë sanduiçë”, thotë, “për drekë. Për më vonë”.
“Po”, ia kthej, “ok”.
“Po”, thotë ai dhe nisemi.
I biem skaj lumit Milacka .
Mustafa ma tregon një urë para nesh;
“Kjo është Ura Latine”.
“Po. Dje isha aty”.
“OK”, më thotë. “Aty është vra Kryeduka”.
“Po”, i them, “aty nisi Lufta e Parë Botërore”.

He shrugs.
"The Archduke was an excuse. It would have started anyway I think."
"Right," I say.

We pull up outside a bakery.
"I will not be long," he says. "I will buy for you a vegetarian sandwich."
He leaves me in the car.

A man heaves logs from a trailer onto the back of a van in front of our car.
In between each thrust he turns to scowl at me.
He can't possibly expect me to help, can he?
He points angrily at me and says something.
I shrug.
Where is Mustafa?
He returns with two sandwiches, each in a yellow plastic bag.
"This one is for you," he says when he sits back in. "A vegetarian sandwich. The other is for me."
"Ok. Thanks," I say.
We set off.
The man loading the logs looks at me bitterly as we pass.

Mustafa puts his seat belt on.
He adjusts his glasses.
"Now we drive to Srebrenica."
"Ok," I say.

Ai rrudhet supesh.
"Kryeduka ishte veç sebep. Mendoj se kish me nisë sido që të ishte".
"Qartë", i them.

Ndalemi para një furre buke.
"Nuk vonohem", më thotë, "po ta blej një sanduiç vegjetarian".
Mua më lë në veturë.

Njëri ngarkon dru nga një rimorkio në furgonin para veturës sonë.
Sa herë shkarkon një stivë, m'i lëshon ca mrrola.
Shpresoj se nuk po më pret të dal t'i ndihmoj.
Bën me gisht gjithë zemërim drejt meje dhe seç thotë.
Unë rrudh supet.
Ku është Mustafa?
Ai kthehet me dy sanduiçë, secili në qese plastike të verdhë.
"Ky është i yti", më thotë kur ulet. "Sanduiç vegjetarian. Tjetri është për mua".
"OK, faleminderit", ia kthej.
Nisemi.
Tipi që ngarkon drutë ma lëshon një shikim të hidhët tek e kalojmë.

Mustafa vë rripin e sigurimit.
Rregullon syzet.
"Tash po ia mësyjmë për Srebrenicë".
"OK", i them.

“There was a pool in the hotel…”

“Hoteli kishte pishinë…”

It’s just me and him.
‘Mustafa.’
I thought we’d be in a minibus.
Lots of us.
I brought a book to read.
I look at the sat nav: “2 hours 56 minutes.”
Christ!

It’ll be nine hours until we get back to Sarajevo.
Why am I’m doing this?
There was a pool in the hotel.
I could be in there now.
Most people would be.

We drive up a steep hill.
At the top a sign reads, ‘Welcome to Republika Srpska.’
Some of the worst atrocities committed during the war happened here.
Everything I’ve read says the Serbs living here don’t want to be part of Bosnia.
I look at Mustafa.
Why am I driving across Republika Srpska to Srebrenica with a stranger?

2:56

Relax, I tell myself.
I’ve been all over the former Yugoslavia.
I like the people.
I’ve visited many places where atrocities occurred; this is my job.
Mustafa looks like a normal guy.
What could go wrong?
“This is for you,” says Mustafa, passing me a bottle of water.
“Thanks,” I say.

Jemi veç unë e ai.
"Mustafa".
Kisha mendu se do të ishim në minibus.
Shumë veta.
Mora një libër me lexu.
Shikoj navigatorin satelitor: "2 orë e 56 minuta".
Zot i madh!

Nëntë orë do të na shkojnë derisa të kthehemi në Sarajevë.
Pse po e bëj këtë?
Hoteli kishte pishinë.
Mund të kisha qenë aty tash.
Shumica aty do të ishin.

I ngjitemi një kodre të rrëpijtë.
Një tabelë në majë thotë: "Mirë se vini në Republika Sërpska".
Disa nga mizoritë më të tmerrshme gjatë luftës janë kry këtu.
Gjithçka që kam lexu thotë se sërbët e këtushëm nuk duan të jenë pjesë e Bosnjës.
E shikoj Mustafën.
Pse po udhëtoj nëpër Republika Sërpska për në Srebrenicë me një të huaj?

2:56

Qetësohu, i them vetes.
Kam qenë nëpër gjithë ish-Jugosllavinë.
Njerëzit më pëlqejnë.
Kam vizitu shumë vende ku janë kry mizori; këtë punë bëj.
Mustafa duket njeri normal.
Ç'mund të më shkojë ters?
"Kjo është për ty", më thotë Mustafa, duke ma afru një shishe ujë.
"Falemnderit", i them.

“If the Bosnian pyramids are true, history is changed completely...”

“Në qofshin të vërteta piramidat boshnjake, historia ka ndryshu krejt...”

We drive through a small town and then the landscape opens out.
Thick forests stretch on for miles.
Deep valleys peel away to our right.
The sun beats down.

"It's hot," I say.
Mustafa nods.
We drive on.
"Very hot," he says pointing upwards.
"Yes," I say.

We pass ramshackle houses scattered around junctions.
Burnished men crank machines.
Dig trenches.
Hammer posts.
Chopped wood is stacked outside every home.

"You like Bosnia?" he asks.
"Yes," I nod.
"Good," he says.
"It's like Ireland," I say.
It's not.
"Yes?" he asks.
"Yes," I say, and I point. "The trees, the countryside, the fields."
"Ok," he nods.
"But we don't get this heat," I say.
"Yes," he says. "It's hot."
"It is," I say.
We drive on in silence through a small town.

I think I should say something.
We pass huge conical mountains glistening in the heat.
"Do you ever take people to see the 'Bosnian Pyramids'?" I ask.
"I do," he says.
"Do you believe in them?" I ask.
"The mountains?" he asks.

I biem mespërmes një qyteze, mandej peizazhi hapet.
Pyje të dendura shtrihen me kilometra.
Lugina të thella zhvishen nga e djathta jonë.
Dielli përflak.

"Sa vapë", them.
Mustafa pohon me krye.
Vazhdojmë rrugën.
"Shumë vapë", thotë me gishtin përpjetë.
"Po", ia kthej.

Kalojmë shpi të shkatërruara shpërnda rreth udhëkryqeve.
Njerëz të rreshkur ndezin makina.
Gërmojnë llogore.
Ngulin shtylla.
Dru të copëtuar stivohen jashtë çdo shpie.

"A të pëlqen Bosnja?", më pyet.
"Po", tund kryet.
"Mirë", ma bën.
"Ngjan shumë me Irlandën", i them.
Nuk ngjan.
"Po a?", më pyet.
"Po", i them dhe bëj me gisht; "Pemët, katundet, fushat".
"OK", tund kryet.
"Por nuk e kemi këtë vapë", i them.
"Po", thotë ai, "vapë është".
"Po", i them.
Kalojmë në heshtje nëpër një qytezë të vogël.

Mendoj se më duhet të them diçka.
Kalojmë male të stërmëdha konike që shkëlqejnë nga vapa.
"A i çon ndonjëherë njerëzit me i pa 'Piramidat e Bosnjës'?", e pyes.
"Po", thotë ai.
"A beson në to?", e pyes.
"Malet?" më pyet.

"Yes," I say. "That they're actually ancient pyramids?"
He shrugs.
"Maybe," he says. "If these are really pyramids, then people will want to deny it."
"Right," I say.
"This man who discovered them," he says, "has some proofs."
"It's hard to believe though isn't it?" I say.
He shrugs.
"If the Bosnian Pyramids are true, history is changed completely. Some will not want to admit this."

They're clearly not pyramids, I think, as we drive past.

"Po", i them, "se janë në fakt piramida të lashta"!
Rrudh supet.
"Ndoshta", thotë ai. "Nëse këto janë vërtet piramida, njerëzit do të duan ta mohojnë".
"Qartë", i them.
"Ai tipi që i ka zbulu", thotë ai, "ka dofarë provash".
"Por, vështirë me besu megjithatë, apo jo?", i them.
Ai rrudh supet.
"Në qofshin të vërteta piramidat boshnjake, historia ka ndryshu krejt. Dhe disa s'kanë me dashtë me pranu këtë".
"Me gjasë", i them unë.

Ashiqare s'janë piramida, mendoj ndërsa u kalojmë përskaj.

“The guests do not usually smoke…”

“Mysafirët zakonisht nuk pinë duhan…”

We don't speak.
We stare ahead.
The roads bend and weave.

We drive past signs to Подроманија.
Соколац.
Жљебови.
Мркаљи.
The Bosnian version of the town's names have been defaced.

The sat nav reads "2 hours 33 minutes."
I already feel like we've been driving through this land for hours.
I should say something.

"How long have you been doing this job?" I ask.
"Really I am dentist," he tells me. "Well, really I *was* dentist."
"Right," I say.
"But I am not in political party," he says, 'so no more dentist job."
He shrugs.
"And now," he gestures towards the road ahead, "I drive."
I nod.

"My wife, thankfully, she has good job," he says. "A teacher."
"My wife's a teacher too," I say.
He looks pleased.
"She also writes plays, and poetry," I say.
He says nothing.
"There's not much money in that of course," I add.
"Maybe there is," he says, "if you write well."
"Maybe," I say.
"What is your job?" he asks.
"I'm a lecturer," I say.
He nods.
"What do you teach?"
"International politics."
He nods.
"I teach about Yugoslavia" I say. "About what happened here. And I write

Rrugët gjarpërohen e ndërthuren.
Ne nuk flasim.
Shikojmë përpara.

I lëmë mbrapa tabelat për në Подроманија.
Соколац.
Жљебови.
Мркаљи.
Versionet boshnjake të emrave të qytezave janë shkarravitë.

Navigatori satelitor thotë "2 orë e 33 minuta".
Qysh tash më duket sikur kemi kushdi sa orë që po grahim këtyre viseve.
Ndoshta duhet të them diçka.

"Sa kohë ke që bën këtë punë?", e pyes.
"Në të vërtetë, jam dentist", ma kthen. "Në fakt, kam *qenë* dentist".
"Qartë", ia kthej.
"Por nuk jam në asnjë parti", më thotë, "prandaj s'ka më punë dentisti".
Rrudh supet.
"E tash", bën me shenjë kah rruga, "jam shofer".
Unë tund kryet.

"Gruaja, për fat, ka punë të mirë", thotë. "Mësuese".
"Edhe unë e kam gruan mësuese", i them.
Ai duket i kënaqur.
"Shkruan edhe drama e poezi", i them.
Ai nuk thotë gjë.
"S'është se ka ndoj pare nga ajo punë, kuptohet", shtoj unë.
"Ndoshta ka", thotë ai, "nëse shkruan mirë".
"Ndoshta", ia kthej.
"Ti çka punon?", më pyet.
"Jam ligjërues", i them.
Ai tund kryet.
"Çfarë lënde jep?"
"Politikë ndërkombëtare".
Ai tund kryet.
"Jap mësim për Jugosllavinë", i them. "Për çka ka ndodhë këtu. Dhe

about it, about the war."
"I fought in the war," he says.

This is good news.
Isn't it?
Surely this will make the journey more interesting?
But now I know I'm stuck with a stranger trained in the ways of violence.
I try to shake off the thought.
I can't think what to say next.

"You fought?" I say.
"Yes," he says, "for the Bosnian army."

2:33

An old man on an ancient motorbike whizzes past us
towards a petrol station ahead.
"I must now buy gas," Mustafa says.
"Ok," I say.
As we approach, I start rolling a cigarette.
"This is good," he says. "The guests do not usually smoke. I will join you."
He looks very pleased.
"Ok," I say.
We stop at a petrol pump, he gets out.
So do I.
An attendant begins to fill the car.

I go to the side of the station and put the rollie in my mouth.
Mustafa walks towards me as I'm about to light it.
"Please," he says, "it is not best to smoke here. I will stop in shade along the road ahead."
"Ok," I say.
"It may ignite the gas and there would be an explosion," he explains.
"Yes, of course," I say.

We get back in the car and drive on.

shkruaj, për luftën”.
“Kam qenë luftëtar gjatë luftës”, më thotë ai.

Ky është lajm i mirë.
Apo jo?
Sigurisht se udhëtimin do ta bëjë më interesant.
Por tash di se ndodhem me një të huaj të stërvitur me forma dhune.
Mundohem ta largoj mendimin.

“Paske luftu? Vërtet?”, i them.
“Po”, ma kthen, “për ushtrinë boshnjake”.
Nuk më vjen në mend të shtoj asgjë.

2:33

Një plak mbi një motoçikletë të lashtë na kalon përskaj
drejt një pike karburanti para.
“Tash më duhet me ble naftë”, thotë Mustafa.
“OL”, ia kthej.
Ndërsa afrohemi, nis me mbështjellë një cigare.
“Gjë e mirë”, më thotë. Mysafirët zakonisht nuk pinë duhan. Po të bëj shoqni”.
Duket shumë i kënaqur.
“OK”, ia kthej.
Ndalemi te një pikë karburanti. Ai del jashtë.
Edhe unë dal.
Një punëtor nis me mbushë veturën.

Shkoj anash stacionit dhe cigaren e dredhur e vë në gojë.
Mustafa vjen drejt meje ndërsa bëhem gati me ndezë.
“Të lutem”, më thotë “nuk është më së miri me ndezë këtu. Do të ndalem në hije diku tutje rrugës”.
“OK”, ia kthej.
“Mundet me ndezë naftën dhe gjithçka me çu n’ajër”, më shpjegon.
“Po, sigurisht”, i them unë.

Kthehemi në veturë dhe vazhdojmë rrugën.

“What a way for a lad from the lanes of Limerick to go...”

“Çfarë fundi tragjik për një çun nga rrugët e Limerikut”

There is nowhere to park on the narrow roads.
Mustafa is frustrated.
And the war is in the car now.
I have to ask more about it.
Don't I?
He brought it up.

But what if I say something offensive?
Or trigger some flashback:
then the nightmares He's been repressing consume him and he drives us over a ravine?

"Hear about Aidan?" people will say,
"Driven to his death off a mountain...
on the way to Srebrenica...
by a Bosnian army vet...
in Republika Srpska!
What a way for a lad from the lanes of Limerick to go!" they will cry.
Though I think if I heard about someone else dying like that, I'd probably be jealous.

I peer at the narrow roads and the valleys below.
Sheep graze in the fields as we pass.
Mustafa looks ahead searching for shade.
I've got to ask him something.

I try to sound casual.
"Did you fight in Sarajevo itself?"
"Yes" he says. "First in my sector...How you say? My community?"
"Yes."
"Yes. It was..."
There's a rush of wind and our car rocks as a red van overtakes us on a bend.
"Go on ahead you crazy...," he says softly, and shakes his head.

He's driving at just below the speed limit.
At all times.
I've never known someone from the Balkans to drive so carefully.

Nuk ka vend me parku në rrugët e ngushta.
Mustafa është i zemëruar.
Dhe lufta tash është në veturë.
Më duhet me pyetë më shumë rreth saj.
Apo jo?
Ai vetë e përmendi.

E, nëse them ndonjë gjë ofenduese?
Ose ia kthej ndonjë kujtim:
atëherë makthet që ka shtypë e konsumojnë dhe na çon drejt e në humnerë?

"A keni ndi për Aidan-in?", do të thonë njerëzia,
"Gjeti vdekjen në veturë, shkëmbit rrokotel...
rrugës për në Srebrenicë...
me një veteran të ushtrisë boshnjake...
në Republika Sërpska!
Çfarë fundi tragjik për një çun nga rrugët e Limerikut!", do të qajnë.
Megjithëse, ma merr mendja se po të ndieja për dikë që ka vdekë
kështu, do të bëhesha xheloz.

Vështroj rrugët e ngushta dhe luginat andej poshtë.
Delet kullosin fushave tek kalojmë.
Mustafa sheh përpara në kërkim të hijes.
Më duhet diçka ta pyes.

Provoj ta kthej thjesht në muhabet.
"A ke luftu brenda në Sarajevë"?
"Po", më thotë, "së pari në sektorin tim... Si i thonë? Bashkësinë time"?
"Po".
"Po. Ishte..."
Çohet frymë dhe makina na tundet ndërsa një furgon i kuq na parakalon
në kthesë.
"Jepi ti jepi, o i çmendur...", thotë ai me zë të ulët dhe tund kryet.

Ai i jep pak nën kufirin e shpejtësisë.
Gjithë kohën.
Kurrë nuk kam njohë dikë nga Ballkani që të grahë kaq me kujdes.

“We must be quick…we have no choice…”

“Duhet të jemi të shpejtë… nuk kemi zgjedhje…”

"We must have shade," Mustafa says, 'so we can smoke."
But there is still nowhere to stop.
Mustafa mumbles something in Bosnian.

Eventually he pulls up at the side of the road by some kind of building site.
The land has been flattened out for a square mile all around.
There is absolutely no shade.
"We must be quick," he says, "we have no choice."

We stand outside the car.
It's midday.
The heat is intense.
I think I can smell my hair burning.
We smoke.

"I never smoked in the war," he says.
"No?"
"No."
A bell sounds somewhere in the distance.
"The anatomy exam I took after war made me smoke," he says.
"Really?"
"Yes."
The sweat is pouring down my back.
"Now I smoke all the time," he says.

We stand in silence.
A truck loaded with logs passes.
My eyes start to shrivel.
There is a strong scent of roasted earth.
"Don't ask me what that is," he says, pointing at the flattened land.
"Maybe they are building houses," I suggest.
"No," he says. "The people who live here want to leave here. No-one wants to come to live here."
"Right," I say.

"Na duhet një hije", thotë Mustafa, "që të mundemi me pi duhan".
Por ende nuk ka ku me u ndalë.
Mustafa mërmërit diçka në boshnjakisht.

Dikur tërhiqet skaj rrugës afër njëfarë kantieri ndërtimi.
Tokën e kanë rrafshu për një kilometër e gjysmë katrorë aneqark.
Kurrkund hije nuk gjendet.
"Duhemi me qenë të shpejtë", më thotë, "nuk kemi zgjedhje".

Qëndrojmë jashtë makinës.
Është mesditë.
Vapa është e tmerrshme.
Më bëhet se nuhas të më digjen flokët.
Pimë duhan.

"Kurrë nuk e pija në luftë", më thotë.
"Jo a?"
"Jo".
Një kambanë ndihet dikah larg.
"Provimi i anatomisë që bëra mbas luftës ma ngjiti duhanin", thotë.
"Vërtet?"
"Po".
Djersët më kullojnë nëpër shpinë.
"Tash e pi gjithë kohën", thotë.

Rrimë të heshtur të dy.
Kalon një kamion ngarku me dru.
Sytë nisin më picërrohen.
Ka erë të fortë toke të reshkur.
"Mos më pyet ç'është kjo", thotë duke treguar tokën e rrafshuar.
"Ndoshta po ndërtojnë shtëpi", i sugjeroj.
"Jo", më thotë, "njerëzit e këtushëm e kanë mendjen me ikë. Askush nuk don me ardhë me jetu këtu".
"Qartë", i them.

He takes a cigarette packet out of his pocket.
I can't take a second one in this heat.
I will have to get back in the car.
Or crawl under it.

He opens the packet; it's empty.
He pulls out a little plastic bag from inside.
"For the butt," he says.
He crushes the end of the cigarette between his finger and thumb and puts it into the bag.
"It is for reasons of the environment," he says, gesturing towards the barren land around us.
He offers me the packet.
"Sure," I say. "Good idea."
I put the butt inside.
We get back into the car.

Nxjerr një pako cigaresh nga xhepi.
As nuk e marr me mend një cigare të dytë në këtë vapë.
Do të më duhet me u kthy në veturë.
Ose me u futë përfundi saj.

Ai çel kapakun e paketës; është bosh.
Nxjerr nga brenda një qeskë plastike.
“Për duqin”, thotë.
Shtyp duqin e cigares mes treguesit e pëlqerit dhe e fut në qeskë.
“Kjo për arsye mjedisore”, thotë, duke bë me dorë kah djerrina përreth.
Ma ofron paketën.
“Gjithqysh”, i them, “ide e mirë”.
Fus duqin brenda.
Kthehemi në veturë.

"I told him you are Scottish because I made a mistake..."

"I thashë që je skocez se gabova..."

We descend another steep hill.
There is a larger road ahead which we must join.
As we turn into the filter lane a fat policeman steps into the road ahead.
Mustafa swerves past him and stops the car.

I see the policeman in the side mirror striding towards us.
He looks livid.

The policeman comes to Mustafa's window.
They talk.
Arms gesture and point.
The policeman walks back around the car.
He opens the back door and sits directly behind me.
I can feel his huge knees pressing into my seat.
Mustafa starts to drive.

The animated chatter starts again.
The policeman sounds very angry.
I watch him in the rear-view mirror.
He smells of stale sweat and cheap leather.

He hardly stops talking.
It sounds like a rant.
It all pours straight at me.
I can feel his hot breath on the back of my neck.

Mustafa occasionally barks something at him.
This usually leads to a spike in the policeman's anger.
What's going on?
The policeman says something, and I see him nod towards me.
"Škotski," says Mustafa.
"Dobro," says the policeman.
I think that sounded like 'Scottish.'
Mustafa knows I'm Irish.
Why is he lying to the policeman?

Lëshohemi një tjetër kodre të pjerrët.
Përpara kemi një rrugë më të madhe të cilës duhet t'i bashkohemi.
Ndërsa kthehemi në korsinë filtruese, një polic i shëndoshë del në rrugë fill para.
Mustafa i kalon pranë dhe ndal veturën.

Nga pasqyra anësore shoh policin të ecë drejt nesh.
Duket gjithë mllef.

Polici vjen te dritarja e Mustafës.
Flasin.
Duart gjestikulojnë e gishtat tregojnë kahje.
Polici nga mbrapa i bie rretheqark veturës.
Hap derën e pasme dhe ulet bash mbrapa meje.
Ia ndjej gjunjtë e mëdhenj tek ma shtypin ulësen.
Mustafa nis me grahë.

Muhabeti i gjallërishëm rinis.
Polici tingëllon fort i zemëruar.
E shoh nga pasqyra e mesit.
Bie erë djerse dhe lëkure të lirë.

Nuk i ndalet aasnjëherë goja.
Tingëllon sikur po ankohet.
Të gjitha derdhen drejt e te unë.
Ia ndjej duhmën e nxehtë mbrapa në qafë.

Mustafa herë pas here i leh diçka.
Kjo zakonisht ia shton një shkëndijë mllefit të policit.
Ç'po ndodh?
Polici thotë diçka, dhe e shoh tek pohon me krye drejt meje.
"Škotski", thotë Mustafa.
"Dobro", thotë polici.
Më duket se kjo tingëlloi si "skocez".
Mustafa e di që jam irlandez.
Pse po e rren policin?

"Ne Škotski; Irski," says Mustafa.
"Dobro," says the policeman.
Mustafa turns to me.
"I told him you are Scottish, because I made a mistake," he says. "I now told him you are Irish."
"Ok," I say.

After about a quarter of an hour of angry chatter Mustafa pulls up.
The policeman bellows something.
Then he and Mustafa shake hands warmly and he gets out.
We drive on.

"What was that about?" I ask.
"He is police," Mustafa says.
"Were you having some kind of argument?"
"No," Mustafa answers, sounding confused.
"He needed lift," he says. "It is always clever to do good things for the police."
"Right," I say.
"He told me that he must work an hour away from his own station, but they do not provide transportation."
"Right," I say.
"So," he says, "he must, how you say?"
He holds up a thumb.
"Hitch?" I say.
"Yes," he nods. "He must hitch."
"Ok," I say.

We drive past an abandoned garage.
I can still smell the policeman.

'Ne Škotski; Irski", thotë Mustafa.
"Dobro", thotë polici.
Mustafa kthehet kah unë.
"I thashë që je skocez, se gabova", më thotë, "Tash i thashë që je irlandez".
"Po", ia kthej.

Pas rreth çerek ore muhabeti të mërdheztë, Mustafa ndal veturën.
Polici seç gërthet.
Mandej i zgjat dorën ngrohtësisht Mustafës dhe del.
Vazhdojmë rrugën.

"Ç'ish gjithë kjo?", e pyes.
"Është polic", më thotë.
"Mos u zutë gjë?"
"Jo", përgjigjet Mustafa; tingëllon i hutuar.
"I duhej transport", thotë, "është gjithmonë punë me mend me i bë ndonjë të mirë policisë."
"Qartë", i them unë.
"Më tha se i duhet me punu një orë larg stacionit, por nuk po i ofrojnë transport".
"Qartë", i them.
"Pra", thotë, "i duhet... si i thu ti?"
Çon përpjetë pëlqerin.
'Autostop?', i them.
"Po", tund kryet, "i duhet me autostop".
"Ok", ia kthej.

Kalojmë skaj një garazhi të braktisur.
Ende nuhas erën e policit.

“You cannot imagine they will try to destroy us in our own city…”

“Kush e merrte me mend si do të provonin me na shkatërru në qytetin tonë…”

We drive on.
Slowly.
In silence.
The war sits between us.

"Did you get much military training?" I eventually ask.
"Not in the beginning" he says. "Then there were just four of us. We were just kids."
He laughs.
"We had one rifle between us!" he says. "But the Serbs had everything. They were a real army."
"Right," I say.

He tries to turn up the air conditioning but it's already at maximum.
He slows down at a road sign.
He seems confused, mumbles something and drives on.

"Later we had more training," he says, "and then I went to fight in the..."
He makes a triangular shape with his finger.
"Mountain?" I suggest.
"Yes," he nods. "My brother was before the war in the Yugoslav National Army and he showed me how to use a rifle. I was lucky to get this training."

I'm not sure about asking anything too sensitive yet.
I decide to ask about the time just before the war began.
"Could you tell that something was going to happen before it did?"
He shrugs.
"Some people worried that a war would start," he sighs.
"But I was seventeen. 'No way could this happen' I thought. They started to move heavy weapons onto the hills around the city. They said it was for our 'protection'."
He shakes his head.
"Of course, today it is obvious it was a plan, but then? I didn't believe it. But the worried people were right; they were preparing to attack Sarajevo. For the siege. You know about this?"

Vazhdojmë rrugën.
Ngadaldalë.
Në heshtje.
Lufta është ulë ndërmjet nesh.

"A ke kry shumë trajnime ushtarake?", e pyes dikur.
"Në fillim jo", më thotë. "Atëherë ishim vetëm katër veta. Ishim hala fëmijë".
Qesh.
"Një pushkë kishim të katër!" më thotë. "Por sërbët kishin gjithçka. Ishin tamam ushtri".
"Qartë", i them.

Përpiqet të lëshojë klimatizimin, që tashmë është në maksimum.
Ngadalëson shpejtësinë te një shenjë rruge.
Duket i hutuar, diçka mërmërit dhe vazhdon grah.

"Më vonë patëm më shumë stërvitje", thotë, "mandej shkova me luftu në..."
Bën një formë trekëndëshe me gisht.
"Mal?", ia sugjeroj.
"Po", tund krye. "Vëllain para lufte e kam pasë në Ushtrinë Jugosllave dhe ai ma mësoi pushkën. Isha me fat që e pata atë trajnim".

Ende nuk jam i sigurtë se mund ta pyes për diçka fort të ndjeshme.
Vendosa me pyetë për kohën pak para se me nisë lufta.
"A mund ta dije se diçka do të ndodhte para se të ndodhte?"
Ai rrudh supet.
"Disa shqetësoheshin se mos niste lufta", psherëtin.
"Por unë isha shtatëmbëdhjetë vjeç. 'S'ka as shans', mendoja. Nisën t'i lëviznin armët e rënda kodrave rreth qytetit. Thoshin se ishin për të na mbrojtë".
Tund kryet.
"Merret vesh, sot është e qartë që kështu ish plani, po atëherë? Nuk e besoja. Por ata që shqetësoheshin kishin të drejtë; po përgatiteshin me sulmu Sarajevën. Me rrethu. A di për këto?"

"Yes," I say, "I know about it."
"Yes," he says.

Another rusty van passes us.
"My friends and I, we were suspicious but..."
He laughs.
"...who could imagine they will try to destroy us in our own city? In *their* own city?"
Yes.
Who could have imagined it?

"But," he says, "they did try to destroy us. And they did destroy our city."
"Yes," I say. "I know."

We drive past a farm.
A man is herding pigs towards an open gate.

"Awful," I add.
"Yes," he nods, "it was."

"Po", i them, "di".
"Po", më thotë.

Një tjetër furgon i ndryshkur na parakalon.
"Unë me shokët i kishim dyshimet, po..."
Qesh.
"...kush e merrte me mend se do të provonin me na shkatërru në qytetin tonë? Në qytetin e *vet*?"
Po.
Kush ta merrte me mend?

"Por", thotë, "ata vërtet provuan të na shkatërronin. Dhe na e shkatërruan qytetin".
"Po", i them, "e di".

Kalojmë skaj një ferme.
Një burrë drejton derrat kah një portë e hapur.

"E tmerrshme", shtoj unë.
"Po", tund kryet, "ashtu ka qenë".

“I would have told him...

“Unë do t’i kisha thënë...”

Radovan Karadic was the Bosnian Serb leader when the war began.
An unremarkable man before the tensions flared apparently.
A doctor based in Sarajevo,
he stoked violent nationalism, and then mercilessly laid siege to his own city.

A city famous for being the most mixed in Yugoslavia.
The most tolerant.
Where religious and ethnic difference didn't matter.
But then somehow these differences *did* matter.
A lot.
People like Karadic turned these differences into a problem.
A threat.
And at the end of the 20th century, Sarajevo became a war zone.

A city surrounded by soldiers,
snipers,
tanks,
rocket launchers.

Missiles rained down on markets,
churches,
schools,
hospitals,
people queuing for bread,
children in playgrounds.

For over three years, civilians ran terrified through the streets where they were raised.
And the international community looked on.
Ahead of us a lorry carrying logs pumps out black smoke as it struggles up a hill.

"My friend," Mustafa says, "I believe he knew war was coming. We were two weeks apart and went to every school together. We were the best friends. He was Orthodox, you know? A Serbian. I prefer to say Orthodox."

Radovan Karadzić ishte udhëheqësi sërb i Bosnjës kur nisi lufta.
Me sa duket, një njeri i pavënë re para se të shpërthenin tensionet.
Mjek me qëndrim në Sarajevë,
nxiti nacionalizmin e dhunshëm dhe mandej pa mëshirë rrethoi qytetin e vet.

Qytetin e famshëm si më i përzieri në Jugosllavi.
Më toleranti.
Ku dallimet fetare dhe etnike nuk kishin rëndësi.
Pastaj disi këto dallime *kishin* rëndësi.
Shumë.
Njerëzit si Karadzić i kthyen këto dallime në problem.
Në kërcënim.
Dhe në fund të shekullit XX, Sarajeva u bë zonë lufte.

Qytet i rrethuar nga ushtarë,
snajperë,
tanke,
raketahedhës.

Granatat binin si breshër në pazare,
kisha,
shkolla,
spitale,
njerëz që rreshtoheshin për bukë,
fëmijë në kënde lojërash.

Përmbi tre vjet, civilët vrapuan të lemeritur rrugëve nëpër të cilat ishin rritë.
Dhe bashkësia ndërkombëtare bëri sehir.
Para nesh, një kamion ding me dru vjell tym të zi tek rropatet malores.

"Shoku im", më thotë Mustafa, "ai besoj e dinte se lufta po vinte. Kishim veç dy javë diferencë dhe në çdo shkollë shkonim bashkë. Ishim shokët më të ngushtë. Ishte ortodoks, ke parsysh? Sërb. Më pëlqen të them ortodoks".

We’re directly behind the truck now.
The exhaust fumes are flowing straight at us.

“One weekend he said he was going to Novi Sad in Serbia,” he shakes his head. “‘See you on Monday,’ he said. He didn’t come back. Then the war began.”

The logs don’t look secure, and the hill is getting steeper.
Why doesn’t he overtake the lorry?

“I found out later” he says, “about my friend, that his father was in the party, the Serbian party. He knew what was coming, my friend. He got away. I don’t mind this; that he escaped. But he knew what they were going to do to us, and he didn’t tell me.”
Mustafa shakes his head.
“I would have told him,” he says.

The truck ahead turns left.
We slow to a crawl.
Then continue forward.

Tani jemi fill mbrapa kamionit.
Tymrat e shkarkimit i vijnë drejt e te ne.

"Një fundjavë tha se po shkonte në Novi Sad të Sërbisë", tund kryet. "Shihemi të hënën", më tha. Nuk u kthy. Pastaj nisi lufta".

Drutë nuk duken të sigurt e kodra po bëhet më e pjerrët.
Pse nuk e kapërcen kamionin?

"Marr vesh më vonë", më thotë, "për shokun, se të atin e kish pasë në parti, parti sërbe. Ai, shoku im, e dinte ç'po na priste. Për vete ia mbathi. Nuk e kam hall se iku. Por e dinte se ç'do të na bënin e nuk ma tha".
Mustafa tund kryet.
"Unë kisha me i tregu", më thotë.

Kamioni para nesh kthen majtas.
Ne ngadalësojmë në pritje.
Pastaj vazhdojmë përpara.

“I am not saying these people are dogs…”

“Nuk po them se këta janë qen…”

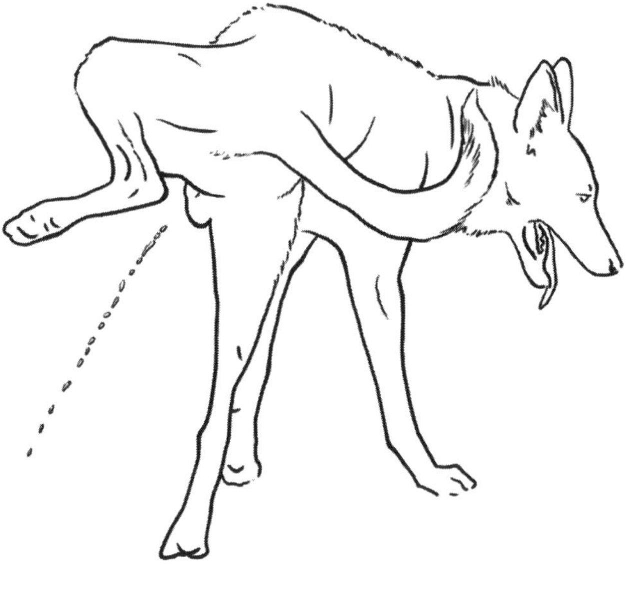

The landscape becomes more deserted.
There are fewer houses, but giant red, white, and blue Serbian flags are stationed on huge poles every ten miles at the side of the road.
Many homes fly them too.
"What do you think about Bosnia now?" I say.
"Bosnia now?" he asks.
"Yeah," I say, "I mean, is it stable?" I point to a Serbian flag, "All this. Republika Srpska. Are there still big divisions?"
"No," he says.

That's not what I've heard.
Or read.
It doesn't look like the Serbian people here are integrated into Bosnia.
Or want to be.

"But when you see these flags," I say, "and the way the government here talks about Bosnia. How do you feel about that?"
We descend a steep hill on a wide bend.
"People have these rights," he says. "It is no problem. In Sarajevo we have Orthodox, Muslims, Catholics. All people in Bosnia can have their identity without problems."
"Yes," I say.

But in 1991 Bosnia was the most mixed republic in Yugoslavia.
Sarajevo, the most mixed city.
Then...but he knows this.
Anyway, do I want him to say something ominous?
Issue some dire warning about his country?

We pass another flag overlooking a parched valley.
"This is ok for me," he says. "These are people who have the right. It is fine for them to show their identity. They mark their territory."
Like dogs, I nearly say.

Peizazhi bëhet edhe më i shkretë.
Ka më pak shtëpi, por flamuj gjigantë sërbë, kuq, bardh e kaltër, janë vënë nëpër shtylla të mëdha çdo dhjetë kilometra në anë rruge.
I valëvisin edhe shumë shtëpi.
"Ç'mendim ke për Bosnjën tash?", i them.
"Bosnja tash?", më pyet.
"Po", i them, "d.m.th. a është e qëndrueshme?", ia tregoj një flamur sërb, "Gjithë këto. Në Republika Sërpska. A vazhdojnë ndarjet e mëdha"?
"Jo", thotë.

Ndryshe nga çka kam ndi unë.
Ose lexu.
Nuk duket se populli sërb i këtushëm është integru në Bosnje.
Ose se don.

"Kur i sheh këta flamuj", i them, "dhe mënyrën se si qeveria këtu trajton Bosnjën, si të duket e gjithë kjo"?
Lëshohemi një kodre të pjerrët nëpër kthesë të gjerë.
"Njerëzit i kanë këto të drejta", thotë. "Nuk është problem. Në Sarajevë kemi ortodoksë, muslimanë, katolikë. Të gjithë në Bosnje mund ta kenë identitetin pa problem".
"Po", ia kthej.

Por në vitin 1991 Bosnja ishte republika më e përzier e Jugosllavisë.
Sarajeva, qyteti më i përzier.
Pastaj... por ai i di krejt këto.
Sidoqoftë, mos dua të më thotë diçka ogurzezë?
Të lëshojë ndoj paralajmërim të mnershëm për vendin e vet?

Kalojmë një tjetër flamur që mbizotëron një luginë të thatë.
"Me këtë unë jam ok", më thotë. "Këta janë njerëz që kanë të drejta. Është mirë që tregojnë identitetin. E shënojnë territorin e vet".
Sikur qentë, veç çka s'i them.

"It is like how dogs do this," he says.
"Yes," I say.
He turns to me, concerned;
"I am not saying these people are dogs."
"No," I say, "of course."

We drive on.

“Njësoj siç bëjnë qentë”, thotë ai.
“Po”, ia kthej.
Më kthehet mua, i shqetësuar;
“Nuk po them se këta janë qen”.
“Jo”, i them, “kuptohet”.

Vazhdojmë rrugën.

“A rabbit as big as a deer...”

“Një lepur i madh sa kaprolli...”

The driving is monotonous.
Eventually Mustafa suggests we stop for another smoke.
We park in a small village.
We stand by the roadside.
Thankfully we are in the shade.

Across the street grey curtains flap through broken windows in a derelict block of flats.
A cat sits on a wall watching us.

"You don't eat any meat?" Mustafa asks.
"No."
"Not sometimes?"
"No."
He looks bemused.
"I eat lots of meat," he says. "Of course, I also eat vegetables. If I don't eat meat, I am hungry very soon."
"Ok," I say.
He wipes sweat from his forehead.
"I like animals," he says, "and all of nature."
"Yes," I say.

There is a thick forest beyond the flats.
"There are bears here, right?" I ask.
"Of course," he says. "And I have seen them. Twice. There are also foxes and wolves."
"Wolves?"
"Of course. They eat the sheep. But I have never seen a wolf."

Cars whizz past us.
"There is a snake too," he says. "A jumping snake. It can jump over the knee. Very poisonous."
"Oh fuck!" I think.
I hate snakes.

Rruga është e mërzitshme.
Së fundi Mustafa sugjeron të ndalemi me tymosë nga një tjetër.
Parkojmë në një fshat të vogël.
Qëndrojmë buzë rrugës.
Fatmirësisht jemi në hije.

Matanë rrugës, perde të hirta valëviten përmes dritaresh të thyera në një ndërtesë banimi të rrënuar.
Një mace, ulë mbi mur, na shikon.

“Nuk han fare mish?” pyet Mustafa.
“Jo”.
“As me raste?”
“Jo”.
Duket i hutuar.
“Unë ha shumë mish”, thotë. “Sigurisht, edhe perime ha. Por, po nuk hëngra mish, shpejt më zë uria”.
“Ok”, i them.
Ai fshin djersët nga balli.
“Më pëlqejnë kafshët”, thotë, “dhe gjithë natyra”.
“Po”, ia kthej.

Përtej banesave ndodhet një pyll i dendur.
“Ka arinj këtu, apo jo?” e pyes.
“Sigurisht”, më thotë. “Bile i kam pa. Dy herë. Ka edhe dhelpra e ujq”.
“Ujq?”
“Kuptohet. I hanë delet. Por ujk kurrë nuk kam pa”.

Kalojnë vetura skaj nesh.
“Është edhe një gjarpër”, thotë ai, “gjarpër që kërcen. Mund të kërcejë sipër gjurit. Shumë helmues”.
“Ouh, dreq!” mendoj.
I urrej gjarpinjtë.

"I once saw a rabbit as big as a deer," he says.
I don't know what to say to this.
He takes out the cigarette box again and we dutifully put our butts in.

1:12

"Let's go," he says, "we have a one hour and twelve minutes journey left."

“Një herë e kam pa një lepur sa kaprolli”, thotë.
Unë nuk di ç’t’i them.
Prapë nxjerr kutinë e cigareve dhe i fusim duqat me kujdes.

1:12

“Të nisemi”, thotë, “na kanë mbetë një orë e dymbëdhjetë minuta rrugë”.

“Americans are so stupid!”

“Sa të trashë janë amerikanët!”

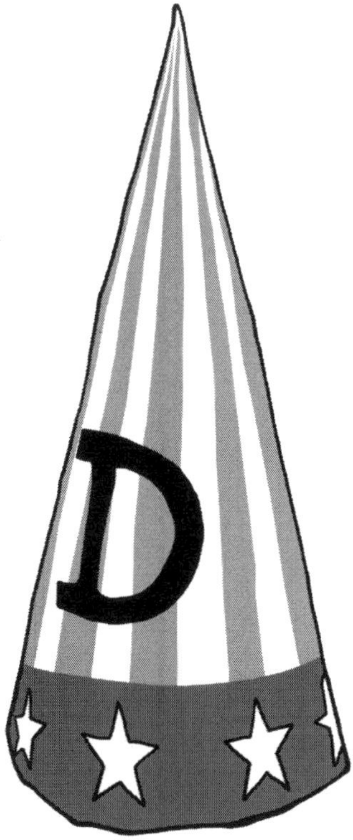

The forests gradually move closer to the road.
Soon we are driving through thick walls of green.
The view becomes hypnotic.
We've not spoken for some time.
I feel like I'm going to slip into a hallucinogenic state.
I decide to break the silence before we crash.

"My father was a tour guide like you," I say, "in Ireland."
"Ok," Mustafa says.
"He drove American tourists around the west coast," I say. "Always Americans."
"Yes," he says.

"Have you heard of leprechauns?" I ask.
"Of course," he says, "the little magical dwarves."
"Yes," I say. "Well, the Americans always wanted my father to show them leprechauns. He'd explain they weren't real, but they were really disappointed to hear this. Always. So eventually he arranged for this small guy outside a village in County Galway to dress up as one. My father would ring ahead, then park the car by this particular field. They'd get out to look at the view – my Da and the Americans – and then the guy dressed as a leprechaun would run across the field, singing, and skipping. The Americans loved it."

Mustafa says nothing.
I look out the window.
I decide I have to finish the story.

"So, one time," I say, "the leprechaun guy got really drunk at a wedding and didn't put the costume on properly. When he came running out from behind the stone wall, still carrying a bottle of Guinness, his trousers fell down, he tripped over and landed in a heap with his bare arse in the air. He sprained his ankle. He was lying there on his back, half-naked, screaming in pain, roaring out these foul curses."
"Yes," says Mustafa smiling.

Pyjet gradualisht i afrohen rrugës.
Së shpejti do të kalojmë nëpër mure të trasha blerimi.
Pamja bëhet hipnotike.
Kemi kohë pa folë.
Më duket se do të kaloj në gjendje halucinacioni.
Vendos ta thyej heshtjen para se të ndeshemi kund.

"Babën e kam pasë ciceron turistik si ti", i them, "në Irlandë".
"Ok", thotë Mustafa.
"I çonte turistët amerikanë nëpër bregun perëndimor", i them.
"Gjithmonë amerikanë".
"Po", më thotë.

"A ke ndi për leprekonët?" e pyes.
"Patjetër", thotë, "xhuxhët e vegjël magjikë".
"Po", ia kthej. "Epo, amerikanët gjithmonë donin që babai t'ua tregonte leprekonët. Ai u shpjegonte se nuk ishin të vërtetë, por ata zhgënjeheshin shumë kur e ndienin këtë. Gjithmonë. Kështu që dikur organizoi që një çunak jashtë një fshati në County Galway të vishej si i tillë. Babai im i binte ziles, pastaj parkonte pranë një fushe të caktuar. Ata dilnin për ta pa peizazhin – babai me amerikanët – dhe mandej ai çuni i veshur si leprekon vraponte fushës duke këndu e duke kërcy. Amerikanëve u pëlqente fort".

Mustafa nuk thotë gjë.
Unë shikoj nga dritarja.
Vendos se duhet ta përfundoj tregimin.

"E, një herë", i them, "çuni leprekon u deh keq në një dasmë, dhe nuk e veshi kostumin si duhet. Kur brofi vrapimthi nga prapa murit të gurtë, ende me një shishe Guinness në dorë, i ranë pantallonat, u rrëzua dhe ra mbi një grumbull me bythën cullak për hava. E pëlkeu zogun e këmbës. Ishte shtritë në shpinë, gjysmëcullak, bërtiste prej dhimbësh, duke shfry me sharje të pista".
"Po", thotë Mustafa i buzëqeshur.

"And one of the Americans, this woman, says, 'Oh my gosh! Everything I've ever read about Ireland is so true.'"

He laughs loudly.

"Americans are so stupid!" he says.

"Yes," I say.

We both laugh.

"Americans!" he says again, "so stupid!"

"Yes," I say.

“Dhe një amerikane, një grua, thotë: ‘Zot i madh! Gjithçka që kam lexu për Irlandën qenka krejt e vërtetë’”.

Ai qesh me zë.

“Sa të trashë janë amerikanët!”, më thotë.

“Po”, ia kthej.

Të dy qeshim.

“Amerikanët!”, thotë ai prapë, “sa të trashë!”

“Po”, ia kthej.

“Forever suspicious of appendicitis-afflicted sons...”

“Gjithmonë dyshuese ndaj bijve të prekur nga apendiciti...”

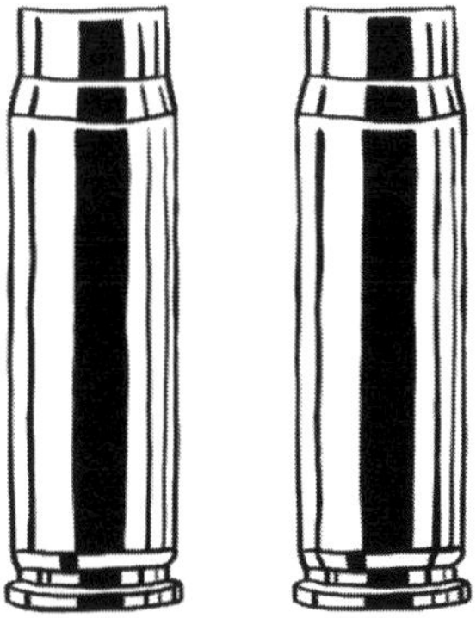

The tale of the fake leprechaun has changed the mood.
We talk easily.
The subject of the war comes up again.

He tells me about fighting on the mountainside.
About lying in the open air during a rainstorm that lasted forty-eight hours.
About the terrible food and not having enough of it.
The cold.
The heat.
The fierce battles over hills and trenches.
About night raids to steal Serbian weapons.
And about the noise and the silence.

"It was especially very bad," he says, "when the Croats turned against us. You know about this?"
"Yes," I say.
"Yes," he says. "We went to sleep one night, and they were with us fighting the Serbs. We woke up and they were shooting at us!"
"Jesus!" I say.
"We thought then we were not going to survive for sure," he says, "but they did not fight us for long thankfully."
"It was the Croats who blew up the bridge in Mostar right?"
"No," he says, "they didn't blow up the bridge, they destroyed it with missiles."
"Right," I say.
We pass by fields of corn.
Tattered scarecrows flap in the wind.
"The Serbians had a weapon we feared the most," he says, "we called it 'The Seeder of Death'."
"The Seeder of Death?" I ask.
"Yes," he says, "The Seeder of Death."
I wonder if this is intentionally poetic or if something's gone wrong in translation.
"This weapon," he says, "fires many bullets for a long time from a belt. Bang-bang-bang-bang-bang."

Rrëfimi i leprekonit të rremë e ka ndryshu humorin.
Flasim lirshëm.
Tema e luftës na kthehet.

Ai më tregon për luftimet nëpër bjeshkë.
Për shtrirjen nën qiell të hapur gjatë një shiavine dyzet e tetë orëshe.
Për ushqimin e tmerrshëm dhe të pamjaftueshëm.
Të ftohtin.
Vapën.
Betejat e ashpra kodrave e llogoreve.
Për bastisjet e natës për me vjedhë armë sërbe.
Dhe për zhurmën e heshtjen.

"Ishte sidomos keq", thotë, "kur edhe kroatët na u kthyen kundër. A e di këtë?"
"Po", ia kthej.
"Po", më thotë. "Ramë me fjetë një natë dhe ata ishin me ne duke luftu sërbët. Kur u zgjuam, po na qëllonin!"
"Zot!", i them.
"Atëherë menduam se me siguri s'do t'ia dilnim", më thotë. "Por për fat nuk na luftuan shumë gjatë".
"Kroatët e hodhën në erë urën e Mostarit, a po"?
"Jo", thotë, "nuk e hodhën në erë urën, e shkatërruan me granata".
"Qartë", i them.
Kalojmë pranë arave të misrit.
Hukubetë të rreckosur flatrojnë krahët në erë.
"Sërbët kishin një armë të cilës i tuteshim më së shumti", thotë ai, "e quanim 'Mbjellësi i vdekjes'."
"Mbjellësi i vdekjes?", e pyes.
"Po", thotë, "Mbjellësi i vdekjes".
Vras mendjen në është kjo qëllimisht poetike apo nëse diçka ka vajtë keq gjatë përkthimit.
"Ajo armë", thotë, "shkrep shumë plumba kohë të gjatë prej një brezi. Bang-bang-bang-bang-bang".

He points with his finger as he says this and makes a recoil motion. "One holds the weapon," he says, "the other holds the belt."

He talks about dead bodies, and wounds.
Shrapnel injuries.
Crude surgery conducted in the field.
About getting appendicitis in a trench on the mountainside.
Being rushed to a military hospital.
Waking up after surgery to be told his mother was on the phone.

"I still don't understand how she did it," he says.
"We had no phone then in our house," he explains. "There were no phones on the streets. The army hospital was not in a phone book. But she managed to call!"
He shakes his head.
"'I'm fine,' I told her. 'No' she said, 'you are not.' She didn't believe me."
"Why?" I ask.
"My older brother. He was twice shot. Different times. He did not tell our mother. He said he had appendicitis the first time."
I think his mother was right to be forever suspicious of appendicitis-afflicted sons.

"I always say my brother was shot once for himself and once for me," he says. "He did what the older brother must do and take a bullet for his younger brother. I was never shot."
"Right," I say.
"I was shot in between my legs once," he says. "I saw the sparks fly under me when I ran. My brother was running with me too."
"Wow," I say.
"Yes," he says, "and my mother and father watched it all. From their window. They said it was like we were running through fireworks."

He tells me he was also nearly shot in the head when pissing beside a tree.

Bën me gisht ndërsa nxjerr tingujt dhe bën lëvizjen e shkrehjes.
"Njëri mban armën", thotë, "tjetri brezin".

Flet për trupa të vdekur e për plagë.
Plagosje nga copa bombash.
Kirurgjinë e vrazhdë të kryer në terren.
Për vuajten nga apendiciti në një llogore në shpat mali.
Për dërgimin me urgjencë në një spital ushtarak.
Zgjimin pas operacionit për të mësu se nëna po e thirrte në telefon.

"Ende nuk e kuptoj se si ia ka dalë", më thotë.
"Nuk kishim telefon atëherë në shpi", shpjegon. "Nuk kishte telefona nëpër rrugë. Spitali ushtarak nuk ishte në numratorin telefonik. Por ajo ia doli me telefonu"!
Tund kryet.
"'Mirë jam', i thashë. 'Jo', më tha, 'nuk je'. Nuk më besoi".
"Pse?", e pyes.
"Vëllai i madh. Dy herë është plagosë. Në kohë të ndryshme. Nuk i tregoi nënës. Herën e parë i tha se kish apendicit".
Mendoj se e ëma e tij kish të drejtë që gjithmonë dyshonte për bijtë e prekur nga apendiciti.

"Gjithmonë them se është plagosë një herë për vete e një herë për mua", thotë ai. "Bëri atë që duhej si vëlla i madh dhe mori plumbin për vëllain e vogël. Kurrë nuk jam plagosë".
"Qartë", i them.
"Më qëlluan një herë mes këmbëve", thotë. "Pashë xixa të fluturonin poshtë meje tek vrapoja. Edhe vëllai po vraponte me mua".
"Ueh", ia bëj.
"Po", thotë, "dhe nëna e babi i panë të gjitha. Nga dritarja. Thanë se u dukej sikur po vraponim nëpër fishekzjarre".

Më thotë se desh ish qëllu me plumb në krye teksa pëshurrte skaj një peme.

That a bullet missed him by an inch when he ran across 'sniper alley' to buy bread.
That missiles almost killed him as he emerged from the tunnel the Bosnian army had built to escape Sarajevo during the siege.
"It was just not my time," he smiles.

He tells me that he knew he'd be tortured if the Serbian soldiers captured him, so he vowed to never surrender or be captured alive.
"I cannot kill myself," he says, "so I think if I am being caught, I will run at them and make them kill me with their weapons."
"Yes," I say.

"They tortured my friend" he says. "To death."
"Jesus," I say.
He glances at me quickly, looking bewildered.
"Why would they do that to us?" he asks.

Se një plumb nuk e kapi për nja dy centimetra ndërsa vraponte nëpër "rrugicën e snajperëve" me ble bukë.
Se granatat desh e vranë ndërsa dilte nga tuneli që ushtria boshnjake kishte hapë me ikë prej Sarajevës gjatë rrethimit.
"Thjesht nuk e kisha kohën", buzëqesh.

Më thotë se e dinte që ushtarët sërbë do ta torturonin po ta kapnin, prandaj qe zotu mos me u dorëzu kurrë e mos me u kapë i gjallë.
"Nuk mund ta vras veten", thotë, "ndaj mendoj nëse më kapin, do të vrapoj drejt tyre e do t'i detyroj me më vra me armë".
"Po", ia kthej.

"Ma kanë torturu shokun", thotë. "Për vdekje".
"O Zot", them unë.
Ai më lëshon një shikim, duket i habitur.
"Pse të na e bënin këtë?", më pyet.

"It is very easy to make fake honey..."

"Shumë lehtë është me bë mjaltë të rrejshëm..."

We turn another bend and stop abruptly.
The road is full of cows.
They amble along slowly.
"I'm sorry for this," he says.
"This happens all the time in Ireland," I say.

We are soon surrounded by cows.
The cows' full udders swing as they amble past.
"I don't understand this," he says shaking his head. "Why let these cows walk on the road?"
A farmer passes by swinging a long stick.
Mustafa waves at him.

"Do you have children?" Mustafa asks.
"Yes," I say, "three daughters."
"Very good," he says, "many congratulations."
"Thanks," I say.
He glances at me; "I mean it," he says.
"Thanks," I say.

"You?" I ask.
"I have two boys," he says.
"Great," I say. "How old?"
"The oldest is five years. The baby is eight months."
"You're busy then?" I laugh.
"Yes," he says, "it is very good."

The last of the cows pass and we drive on.

"How old are your daughters?" he asks.
"Ten, twelve and seventeen," I say.
"Wow," he says, "you have a lot to do!"
"Yeah," I laugh. "I preferred it when they were little. Like your sons."
He laughs.
"We have a saying; little kid, little problems, big kid, big problems!"
"Yes," I say, "big problems!"

Marrim një tjetër kthesë dhe përnjëherë ndalemi.
Rruga është plot me lopë.
Ato ecin përskaj ngadalë.
"Më vjen keq për këtë", thotë ai.
"Kjo në Irlandë ndodh vazhdimisht", i them.

Mbas pak jemi rrethu nga lopët.
Lopëve u tunden gjinjtë e mbushur ndërsa lëvizin para.
"Nuk e kuptoj këtë", thotë duke tundë kryet. "Pse me i lënë këto lopë me ecë rrugës"?
Një çoban kalon duke tundë një shkop të gjatë.
Mustafa ia bën me dorë.

"A ke fëmijë?", më pyet Mustafa.
"Po", i them, "tri vajza".
"Shumë mirë", thotë, "shumë urime".
"Falemnderit", ia kthej.
Ai më hedh një sy; "e kam me gjithë mend", thotë.
"Falemnderit", i them.

"Ti?", e pyes.
"Kam dy djem", thotë.
"Bukur", i them. "Çfarë moshash janë?"
"I madhi është pesë vjeç. Beba është tetë muajshe".
"D.m.th. qenke i zënë?", qeshem.
"Po", thotë, "është shumë mirë".

Kalojnë lopët e fundit dhe ne bëjmë përpara.

"Sa vjeçe i ke ti vajzat?", më pyet.
"Dhjetë, dymbëdhjetë dhe shtatëmbëdhjetë", i them.
"Ueh", thotë, "paske shumë punë"!
"Po", qeshem, "më pëlqente kur ishin të vogla. Si djemtë e tu".
Ai qesh.
"Ne kemi një thënie: fëmijë i vogël, probleme të vogla, fëmijë i madh, probleme të mëdha"!
"Po", i them, "probleme të mëdha!"

We turn down a very steep hill.
Three young boys have set up a stall selling honey outside a cave by one of the sharp bends.
There is a large homemade sign displaying a badly drawn bee.

"I will never buy this honey," Mustafa says.
"Why?" I ask.
"It might not be honey," he says.
One of the boys waves as we pass.
I wave back.
"It is very easy to make fake honey," he says.

Kthehemi poshtë një kodre shumë të pjerrët.
Tre djem kanë ngritë një tezgë ku shesin mjaltë jashtë një shpelle pranë një kthese të mprehtë.
Ka një tabelë të madhe të improvizuar me një bletë të vizatuar keq.

"Nuk e blej kurrë këtë mjaltë", thotë Mustafa.
"Pse?", e pyes.
"Mund të mos jetë mjaltë", thotë.
Njëri nga djemtë na bën me dorë ndërsa kalojmë.
Edhe unë ia bëj me dorë.
"Shumë lehtë është me bë mjaltë të rrejshëm", thotë.

“Don’t worry...it’s fine...”

“Mos u shqetëso... në rregull është...”

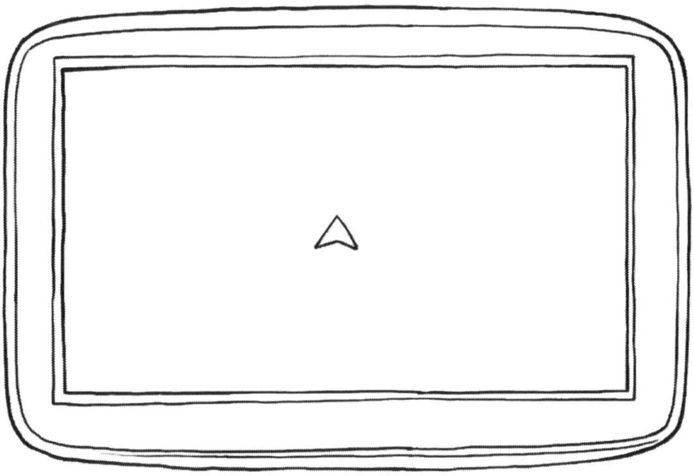

We drive down a hill towards a village.
The gold dome of a large Orthodox church glistens brightly.
Two huge black dogs trot purposefully from the back of the church.
They walk across the road in front of us.
When they reach the other side, they both lie down on a rubbish heap.

"Shit," Mustafa says looking at the sat nav.
I say nothing.
We pass a water treatment plant.

He's not pleased with the sat nav.
"Ok?" I ask.
We slow down and pull in by a small ditch.
"Please forgive me," he says, turning to me.
"We are now lost."

I look around.
There are miles and miles of forests and fields.
The sat nav shows us as a little pulsing dot on a slender line surrounded by nothing.
Shit, I think.
"I must make a call," he says.

He rings someone and talks animatedly.
He puts the phone down and sighs loudly.
"They told me to take this route," he says shaking his head. "They said it is short cut."
He looks angrily at the sat nav.
"It shows you should not trust the technology," he says.
"Ok," I say.
We drive on, even slower than before.

He peers out the windows, searching.
"There is no one to ask," he says.
"No," I say.

Zbresim nëpër kodër drejt një fshati.
Kupola e artë e një kishe të madhe ortodokse ndritshëm shkëlqen.
Dy qen të zij të mëdhenj dalin qëllimisht nga pjesa e pasme e kishës.
Dalin përballë në rrugë para nesh.
Kur arrijnë në anën tjetër, të dy shtrihen në një grumbull plehrash.

"Dreq", thotë Mustafa duke pa navigatorin satelitor.
Unë nuk them gjë.
Kalojmë një impiant për trajtimin e ujit.

Ai nuk është fort i kënaqur me navigatorin satelitor.
"Ok?", e pyes.
Ngadalësojmë dhe tërhiqemi skaj një honi.
"Të lutem më fal", më thotë duke m'u kthyer.
"Tash kemi humbë".

Shikoj përreth.
Kilometra të tërë me pyje e fusha.
Navigatori na shfaq si pikël xixëlluese në një vijë të hollë rrethu nga asgjëja.
Dreq, mendoj me vete.
"Duhet të bëj një thirrje", më thotë.

I telefonon dikujt dhe flet i shqetësuar.
Fik telefonin dhe psherëtin zëshëm.
"Më thanë të marr këtë rrugë", thotë duke tundë kryet. "Thanë se është shkurticë".
Shikon gjithë mllef navigatorin satelitor.
"Kjo tregon që s'bën t'i besosh teknologjisë", thotë.
"Ok", ia kthej.
Vazhdojmë përpara, tash edhe më ngadalë.

Ai shikon nga dritaret, duke kërku.
"Nuk ka njeri që ta pyes", më thotë.
"Jo", i them.
"Më vjen shumë keq", thotë.

"I am very sorry," he says.
"Don't worry," I say, "it's fine."
The road gets narrower.
Then suddenly it becomes a dirt track.

We drive in silence at about five miles an hour up a steep wooded hill, bouncing across holes and clods of earth.
Please let this lead somewhere, I think.
"I'm sorry," he says again.
"It's fine," I say.
I think about the bears, the wolves, and the jumping snakes.

Eventually the track becomes a road again.
We drive around a bend and up ahead we see a group of men down a slope beside the road.
He pulls up.
The men are working around a cluster of about twenty gravestones.
The white pillar types used by Muslims.

"These are Bosnian soldier's graves," he says, "from the war."
"Right," I say.
He looks out the car window.
"These men are Orthodox," he says. "They are Serbs."
"Ok," I say.
"They are caretaking the graveyard," he says.
"Right," I say, looking at the tanned men wielding a variety of gardening tools.
They don't look particularly friendly.

He leaves the car and walks to the edge of the road.
He shouts across the graveyard at the men.
They shout back and there is a lot of arm waving and pointing.
An eagle hovers overhead.

“Mos u shqetëso”, i them, “në rregull është”.
Rruga bëhet më e ngushtë.
Përnjëherë kthehet në shteg të paasfaltuar.

Vazhdojmë në heshtje me rreth dhjetë kilometra në orë deri te një kodër e pjerrët e pyllëzuar, duke u tundë gropave e stomeve.
Aman, veç le të na nxjerrë diku, mendoj.
“Më vjen keq”, thotë ai prapë.
“Në rregull është”, i them.
Mendoj për arijtë, ujqit dhe gjarpinjtë që kërcejnë.

Dikur shtegu bëhet prapë rrugë.
I biem rreth një kthese dhe përpara na del një grup burrash që vijnë teposhtë shpatit skaj rruge.
Ai ndal veturën.
Burrat po punojnë me një grup prej rreth njëzet gurësh të varreve.
Nga ata me shtylla të bardha që përdorin muslimanët.

“Këto janë varre ushtarësh boshnjakë”, thotë ai, “nga lufta”.
“Qartë”, i them.
Ai nxjerr kryet nga dritarja.
“Këta burra janë ortodoksë”, thotë. “Janë sërbë.”
“Ok”, ia bëj.
“Ata po mirëmbajnë varrezën”, më thotë.
“Qartë”, i them, duke i shiku burrat e rrezitur që përdorin një mori veglash kopshtarie.
Nuk duken fort miqësorë.

Ai del nga vetura dhe ec përskaj rrugës.
U lëshon zë burrave matanë varrezës.
Ata ia kthejnë dhe ka shumë krahë që tunden e gishta që tregojnë.
Një shqiponjë vërtitet në lartësi.

He returns to the car.
"Ok," he says, "very good."
"Yeah?"
"Yes." He puts on his seat belt. "They said they do not know where I am going."
How is this very good?
"Ok," I say. "So, did you tell them?"
"What?"
"Where you are going?"
"Of course, I did."
I'm confused.

He cautiously turns the car around.
"They tell me now how to get to there," he says.
"Ok," I say.
The men stand in silence watching us as we pull away.

"I am very sorry," he says.
"That's ok," I say. "So, you know where we are going now?"
"Of course," he says, "to Srebrenica."

Ai kthehet në veturë.
"Ok", thotë, "shumë mirë".
"Po a"?
"Po". Vë rripin e sigurimit. "Thanë se nuk e dinë kah po shkoj".
Si qenka kjo shumë mirë?
"Ok", i them. "Pra, a u the?"
"Çka?"
"Kah po shkon!"
"Po, kuptohet."
Jam krejt i hutuar.

Ai e kthen me kujdes veturën mbrapsht.
"Ata tash po më thonë si të shkoj atje", ma bën.
"Po", ia kthej.
Burrat rrinë në heshtje duke na shiku tek largohemi.

"Më vjen shumë keq", thotë.
"S'ka gjë", i them, "E, a din ku po shkojmë tash"?
"Kuptohet", më thotë, "në Srebrenicë."

“A tree fell on my head after the war...”

“Një pemë më ra në krye mbas luftës...”

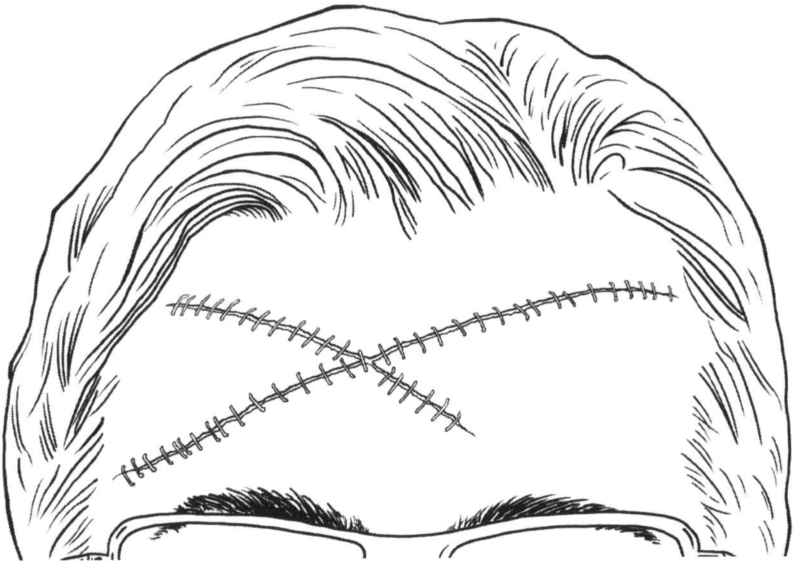

Mustafa is more relaxed now.
He's switched the sat nav off.
The directions the Serbs gave him seem to have proved accurate.

We pass a huge mosque.
I'm surprised to see it.
One this big at least.
"There are still Muslims here then?" I ask.
"Yes," he says, "many are returning."
"Good," I say.

"Look," he says pointing ahead, "do you see this church?"
"Yes," I say.
"And do you see the house?" he says.
Just behind the small Orthodox Church there is a bungalow.
The church is about twenty feet in front of it.
A goat is tied up outside.

He laughs.
"A Muslim woman lived in this house," he says, "but she was..."
He makes a sweeping gesture.
"Cleansed?" he asks.
"Yes," I say, "ethnic cleansing."
"Yes," he says, "she was ethnic cleansed during the war."

He slows down as we approach the church.
"When she returned to her house," he says, "they had built a church in her garden!"
"Jesus," I say.
"She says she doesn't mind," he says as we pass.
We drive further up into the hills and my ears pop.
All around us are lush green forests.

"We will be in Srebrenica in thirty minutes," he says.
"Great," I say.
I want to ask him so many things.
I now wish we were still hours away.

Mustafa është më i qetë tash.
Ka fikë navigimin satelitor.
Udhëzimet që ia dhanë sërbët duket se janë tregu të sakta.

E kalojmë një xhami të madhe.
Befasohem që e shoh.
Të paktën një kaq të madhe.
"A ka ende muslimanë këtu pra?", e pyes.
"Po", thotë, "shumë po kthehen".
"Mirë", them unë.

"Shiko", thotë duke tregu përpara, "a e sheh këtë kishë"?
"Po", ia kthej.
"Dhe a e sheh atë shtëpinë?", më thotë.
Fill mbrapa kishës ortodokse ndodhet një shtëpi njëkatëshe.
Kisha është rreth gjashtë metra para saj.
Jashtë është një dhi e lidhur.

Ai qesh.
"Një muslimane jetonte në atë shpi", thotë ai, "por ishte..."
Bën një gjest gjithëpërfshirës.
"E spastruar?", më pyet.
"Po", them, "spastrimi etnik".
"Po", thotë ai, "u spastru etnikisht gjatë luftës".

Ai ngadalëson shpejtësinë kur i afrohemi kishës.
"Kur ajo u kthye në shpi", thotë ai, "ia kishin ndërtu kishën në oborr"!
"Zot", them unë.
"Ajo thotë se nuk i pengon", thotë ndërsa kalojmë.
Vazhdojmë ngjitemi në kodra dhe mua më hapen veshët.
Rreth nesh ka pyje të bleruara.

"Do të jemi në Srebrenicë për tridhjetë minuta", më thotë.
"Bukur", i them.
Dua ta pyes për shumëçka.
Tash do të doja të ishim ende disa orë larg.

"Was it hard to go back to normal after the war?" I ask.
"Not so much," he says. "When I came back, I slept for a day. Then I woke up."
He looks for something in the glove compartment.

0:30

"Some people have never let go of the war," he says, "inside their heads."
"Right," I say.
"I was lucky," he says, "because I was not afraid to cry."
"Right," I say.
"I cried twice during the war," he says. "Once when my friend was tortured until dead. Once when my brother was shot."
Only twice, I think.
"A tree fell on my head after the war," he says.
"Shit!" I say.
"Yes," he nods, "it was very bad."
He points to a scar running across his forehead.
"See?" he says. "They had to have surgery on my head."
"Looks bad," I say.
"It was not my time," he says, "but it could have been. Even outside of war."

"How did a tree fall on your head?" I ask.
"What?" he asks.
"The tree," I say, "how did it fall on your head?"
"I was hunting for deer," he says.

We come up over a little hill.
On the other side I see a town.
On the right-hand side of the road, a yellow sign reads 'Сребреница.'

"This," he says, "is Srebrenica."

"A ish e vështirë me iu kthy normalitetit pas lufte?", e pyes.
"Jo fort", më thotë. "Kur u ktheva, fjeta krejt një ditë. Mandej u zgjova".
Kërkon diçka në sirtar.

0:30

"Do njerëz nuk e hoqën kurrë luftën prej kreje", thotë.
"Qartë", i them unë.
"Isha me fat", thotë ai, "se nuk kisha frikë me qa".
"Qartë", i them.
"Kam qa dy herë gjatë luftës", thotë. Një herë kur shoku m'u torturu deri në vdekje. Një herë kur m'u plagos vëllai".
Veç dy herë, mendoj unë.
"Një pemë më ra në krye mbas lufte", thotë ai.
"Ouh!", them unë.
"Po", pohon me krye, "ish shumë keq."
Ma tregon një vijë tejetej ballit.
"E sheh?", thotë, "u desh me hy në operacion".
"Duket keq", i them.
"Nuk ish koha ime", thotë, "por mund të kish qenë. Edhe jashtë luftës".

"Si të ra pema në krye?", e pyes.
"Çka?", më pyet.
"Pema", i them, "si të ra në krye"?
"Isha duke gjujtë drenusha", thotë.

Ngjitemi në një kodrinë.
Matanë shoh një qytezë.
Në të djathtë të rrugës, një tabele të verdhë i shkruan "Сребреница".

"Kjo", thotë ai, "është Srebrenica".

Сребреница
Srebrenica

PART II:
TO POTOČARI

PJESA II:
PËR NË POTOÇARI

“Straight to Potočari...”

“Drejt e në Potoçari...”

There is a school.
Basketball courts.
Children play football.
A bare-chested man unloads crates of Fanta outside a cafe.
The houses are well kept.
The streets are lined with baskets of flowers.

Mustafa points down to the left,
"That is the municipal building and there is the post office."
We drive into the centre.
"Look," says Mustafa, "a mosque and a church together."
Up ahead, behind a row of houses, a steeple and a minaret peer over the town.
We pass a crowd of men standing outside another building.
"I don't know what that is," he says.

We drive by a playground on a steep bank.
Children on yellow swings squeal happily as they soar out towards the road.
Nearby two old women sell baskets of brightly coloured flowers.
A huge Serbian flag flies in the middle of a little roundabout ahead.

We pass a block of flats.
"This all looks very new," I say. "Was it built after the war?"
"No," he says, "it was painted."
We stop at traffic lights.
He points down the road ahead.
"We will drive straight down this road to Potočari," he says.

I look ahead.
This is the road they fled down.
Towards Potočari.
Towards the UN base.
Towards the UN soldiers.
Away from the oncoming Serbian army.
Hoping to find safety.

Është një shkollë.
Fushë basketbolli.
Fëmijët luajnë futboll.
Një tip gjokszhveshur shkarkon arkat e Fanta-s jashtë një kafeneje.
Shtëpitë janë të mirëmbajtura.
Rrugët janë të stolisura me shporta lulesh.

Mustafa tregon poshtë nga e majta,
“Ajo është ndërtesa e komunës dhe ajo atje posta”.
Vazhdojmë drejt qendrës.
“Shiko”, thotë Mustafa, “xhami e kishë bashkë”.
Përpara, pas një vargu shpish, një kambanore e një minare ngrihen mbi qytet.
Kalojmë një grup burrash që rrinë jashtë një tjetër ndërtese.
“Nuk di çka është kjo”, thotë ai.

I biem pranë një fushëloje në një breg të pjerrët.
Fëmijë në luhaja të verdha qeshin të lumtur ndërsa valëviten drejt rrugës.
Dy plaka aty afër shesin shporta me lule ngjyrash të ndezta.
Një flamur i madh sërb valëvitet në mes të një rrethrrotullimi të vogël përpara.

Kalojmë një bllok ndërtesash.
“Krejt po duken shumë të reja”, i them. “A janë ndërtu mbas luftës?”
“Jo”, thotë, “janë ly”.
Ndalemi te semaforët.
Ai tregon rrugën përpara.
“Do t’i grahim drejt kësaj rruge për Potoçari”, thotë.

Shikoj përpara.
Kësaj rruge patën ikë ata teposhtë.
Drejt Potoçarit.
Drejt bazës së OKB-së.
Drejt ushtarëve të OKB-së.
Larg ushtrisë sërbe që po afrohej.
Duke shpresu me gjetë siguri.

The thousands who were then fleeing Srebrenica
had fled *to Srebrenica*.
For the previous three years,
from surrounding towns,
these desperate people came.
Eager to reach Srebrenica.
A UN designated 'Safe Area.'

Terror drove them here.
The stories they'd heard, the violence they'd seen.
The burning homes.
The rapes.
The torture.
The cleansing.
The horror wreaked by those who called themselves,
'The Tigers.'
'The Scorpions.'
'The Wolves.'

On 10 July 1995 the Serbian forces invaded Srebrenica, and these people fled again.
To Potočari.
To the UN base.
Their last hope.
Some clung to tractors, to trucks.
Others walked, stumbled, and limped for five miles.
The elderly were loaded into wheelbarrows and onto carts.
Young children were carried.

Serbian General Ratko Mladic arrived the next day.
For him it was not enough that the people had fled.
He wanted more.
"The time has come to take revenge on the Turks," he declared.
"Go straight to Potočari," he commanded, "now!"
His tigers and scorpions and wolves obeyed.

Ata mijërat që atëherë po iknin nga Srebrenica
kishin ikë së pari *në Srebrenicë*.
Për tre vjet radhazi,
nga qytezat përreth,
erdhën këta njerëz të mjerë.
Mezi duke pritë me hy në Srebrenicë.
Një "Zonë e sigurt" e shënuar nga OKB-ja.

Terrori i pruri këtu.
Rrëfimet që kishin ndi, dhuna që kishin pa.
Shpitë e djegura.
Përdhunimet.
Tortura.
Spastrimi.
Tmerri i shkaktuar nga ata që e quanin veten,
"Tigrat".
"Akrepat".
"Ujqit".

Më 10 korrik 1995 forcat sërbe pushtuan Srebrenicën dhe këta njerëz ikën prapë.
Në Potoçari.
Në bazën e OKB-së.
Shpresa e tyre e fundit.
Disa u ngjitën traktorave, kamionave.
Tjerët ecnin, pengoheshin dhe çalonin për tetë kilometra.
Të moshuarit i kishin ngarku në karroca dore dhe në qerre.
Fëmijët e vegjël i mbanin.

Gjenerali sërb Ratko Mladić mbërriti të nesërmen.
Atij nuk i mjaftoi që njerëzit kishin ikë.
Donte më shumë.
"Ka ardhë koha për t'iu hakmarrë turqve", pati shpallë.
"Shkoni drejt në Potoçari", urdhëroi, "fill"!
Tigrat, akrepat dhe ujqit e tij iu bindën.

They boarded their vehicles.
Made the three-fingered Serbian victory sign.
And set off in pursuit of those who fled down this road.

U hipën automjeteve.
Bënë shenjën e fitores sërbe me tre gishta.
Dhe iu vunë mbrapa atyre që ikën kësaj rruge.

“We will follow the children...”

“Do t’i ndjekim fëmijët...”

We arrive at the former UN base in Potočari.
The base is a complex of large old warehouses.
Mustafa parks beside a disused portacabin.
"We are here," he says.
"Yes," I say.

Mustafa opens the door.
The heat pours in.
"It's hot," he says.
"Yes," I say.
We stand outside.

The sun beats down from the cloudless sky.
It's completely silent.

"This was," he says, "before the UN came, a battery factory."
He points across the road.
"And that is the graveyard."
About half a mile away, on the side of a small hill, many rows of white pillars glisten.
"There are some 7,000 buried there," he says. "The other bodies have not been found yet."
Trees blow gently along the hills behind the base.

"I'd like to get a picture of the entrance to the base," I say.
"Of course," he says. "I will wait by the car and smoke."
"Ok," I say.
I walk towards the gates.

'HQ DUTCHBATT' is etched on a concrete block to the left of the entrance.
I take a picture with the buildings in the background.
On the other side of the block 'UN' is carved.
I take a picture of this with the graveyard in the background.

Mbërrijmë në ish-bazën e OKB-së në Potoçari.
Baza është kompleks magazinash të mëdha e të vjetra.
Mustafa parkon skaj një kabine të pashfrytëzuar.
"Erdhëm", më thotë.
"Po", ia kthej.

Mustafa hap derën.
Brenda na derdhet i nxehti.
"Është vapë", thotë.
"Po", ia kthej.
Rrimë jashtë.

Dielli përcëllon nga qielli pa re.
Është qetësi e plotë.

"Kjo", thotë ai, "pa ardhë OKB-ja, ka pasë qenë fabrikë baterish".
Tregon përtej rrugës.
"Dhe ato janë varrezat".
Rreth një km larg, në anën e një kodrine, shndrisin shumë rreshta shtyllash të bardha.
"Rreth shtatë mijë janë të varrosur atje", më thotë. "Trupat e tjerë ende nuk janë gjetë".
Pemët valëviten lehtas përgjatë kodrave mbrapa bazës.

"Kam qef të bëj një foto të hyrjes së bazës", i them.
"Gjithqysh", më thotë. "Po të pres pranë veturës e po pi duhan".
"Ok", i them.
Eci drejt portave.

"HQ DUTCHBAT" është gdhendë në bllok betoni në të majtë të hyrjes.
Bëj një foto me ndërtesat në sfond.
Në tjetrën anë të bllokut është gdhendë "OKB".
Bëj një foto të kësaj me varrezat në sfond.

I walk back towards the car.
On the top of another building to the right 'UNIS' is written in blue and white.
I don't recognise the acronym but take some pictures anyway.
A large bus pulls into the car park.

Mustafa points at the UNIS building.
"This is not the UN," he says.
"No?" I ask.
"No" he says. "UNIS is the name of a company."
"Right," I say. "So that building wasn't used by the UN?"
"Yes, it was," he says.
"Ok," I say.

A large group of school children leave the bus.
They skip and bustle towards one of the newer-looking smaller buildings.
"Ok," he says, "we will follow the children."

Marr me u kthy drejt makinës.
Në krye të një ndërtese tjetër, në të djathtë është shkru "UNIS" me të kaltër e të bardhë.
Nuk e kuptoj akronimin, por prapëseprapë bëj do foto.
Një autobus i madh futet në parkingun e veturave.

Mustafa tregon ndërtesën e UNIS-it.
"Kjo nuk është OKB", thotë.
"Jo a?", e pyes.
"Jo", thotë. "UNIS është emri i një kompanie".
"Qartë", i them. "Pra ajo ndërtesë nuk përdorej nga OKB-ja?"
"Po, përdorej", thotë ai.
"Ok", i them.

Një grup i madh nxënësish del nga autobusi.
Kalojnë dhe nxitojnë drejt njërës nga ndërtesat më të vogla me dukje më të re.
"Ok", thotë ai, "do t'i ndjekim fëmijët".

“A film about Srebrenica...”

“Një film për Srebrenicën...”

The heat is oppressive.
Mustafa is wearing shorts.
I'm wearing black jeans and Doc Martin boots.

"Very hot," he says, as we walk.
"Yes," I say.
The air in my throat tastes like pepper spray.
A lone eagle glides above us.

The children file into the building ahead.
We walk past a huge warehouse.
Vast orange stains run down its side.
Inside, I catch glimpses of black, twisted machines and pools of stagnant water.
The only sound is that of our steps and crickets in the grass.

We go inside the building the children entered.
There are TVs with headphones mounted along a circular wall.
A poster reads,
'Srebrenica and The International Criminal Tribunal for the former Yugoslavia.'

There is a large screen in the middle of the room.
The children are seated in front of it on long wooden benches.
They talk excitedly and swap sweets.
Mustafa goes to speak to a man standing by the screen.

I sit on a chair behind the children.
Mustafa comes and sits beside me.
"We can now watch the film," he says. "It is about Srebrenica."
"Ok," I say.

The man Mustafa spoke to stands in front of the screen.
He speaks to the children in Bosnian.
"He is saying we will watch a film about Srebrenica," Mustafa whispers.

Vapa na ngulfat.
Mustafa ka veshë pantallona të shkurtra.
Unë kam veshë xhinse të zeza dhe çizme Doc Martin.

"Shumë vapë", thotë ai, ndërsa ecim.
"Po", ia kthej.
Ajri në fyt më vjen si sprej piperi.
Një shqiponjë vetmitare na vërtitet përmbi.

Fëmijët turren në ndërtesën përpara.
Kalojmë pranë një magazine të madhe.
Njolla të gjera portokalli i rrjedhin nga anash.
Brenda, shoh cepa makinash të zeza, të përdredhura, dhe pellgje uji të ndenjur.
I vetmi tingull është ai i hapave tanë dhe i gjinkallave në bar.

Hyjmë brenda ndërtesës ku hynë fëmijët.
Ka televizorë me kufje të montuara përgjatë një muri rrethor.
Një posteri i shkruan,
"Srebrenica dhe Gjykata Penale Ndërkombëtare për ish-Jugosllavinë".

Ka një ekran të madh në mes të dhomës.
Fëmijët janë ulë përballë tij nëpër stola të gjatë druri.
Flasin të emocionuar dhe shkëmbejnë bonbone.
Mustafa shkon me folë me një tip që rrin pranë ekranit.

Unë ulem në një karrige mbrapa fëmijëve.
Mustafa vjen dhe më ulet afër.
"Tash mund ta shikojmë filmin", thotë, "është për Srebrenicën".
"Ok", i them.

Tipi me të cilin foli Mustafa rri para ekranit.
U flet fëmijëve boshnjakisht.
"Thotë se do të shikojmë një film për Srebrenicën", pëshpërit Mustafa.

"Right," I say. "Ok."
The film begins.

It shows the start of the war in Bosnia.
Maps explain how people from surrounding villages fled to Srebrenica.
We watch the French General Philippe Morillon – Commander of the UN Protection Force – looking out from a window above the centre of Srebrenica in March 1993.
"You are under the protection of the UN," he declares through a loudhailer, "I will never abandon you."
Soldiers salute as the UN flag is raised and the crowds of people weep with joy.

Then we see the Serbian forces moving toward Srebrenica in early July 1995.
We watch the people flee towards Potočari.
An overhead shot shows the ragged throng streaming through the streets of Srebrenica.
We see the huge crowd around the UN base.
Their arms outstretched, begging to be let in.
Some are.
Most are not.

We watch...
...babies lifted from trucks by UN soldiers.
...an old man on crutches helped to sit on the grass.
...families sleeping outside the base.
...an elderly couple huddled under a tree holding hands.
...frightened UN soldiers behind wire fences peering at parents holding dishevelled children as they beg to be let inside.

Tear-stained, bewildered faces flash continually across the screen.

I look at Mustafa.
He stares ahead.

"Qartë", i them.
Fillon filmi.

Tregon fillimin e luftës në Bosnje.
Hartat shpjegojnë se si njerëzit nga fshatrat përreth ikën në Srebrenicë.
Shohim gjeneralin francez Philippe Morillon – Komandant i Forcave Mbrojtëse të OKB-së – duke shiku nga një dritare mbi qendrën e Srebrenicës në mars 1993.
"Jeni nën mbrojtjen e OKB-së", shpall ai përmes një altoparlanti, "Unë kurrë nuk do t'ju braktis".
Ushtarët përshëndesin ndërsa çohet flamuri i OKB-së dhe turma njerëzish qajnë nga gëzimi.

Mandej shohim forcat sërbe që lëvizin drejt Srebrenicës në fillim të korrikut 1995.
I shikojmë njerëzit duke ikë drejt Potoçarit.
Një foto nga lart tregon turma të rreckosurish që derdhen rrugëve të Srebrenicës.
Shohim turmën e madhe përreth bazës së OKB-së.
Krahët e zgjatur, duke lutë që t'i lënë brenda.
Disa i lënë.
Shumicën jo.

Ne shikojmë...
...foshnja të ngritura në kamiona nga ushtarë të OKB-së.
...një plak me paterica e ndihmojnë me u ulë në bar.
...familje që flenë jashtë bazës.
...një çift të moshuarish strukë nën pemë mbahen për dore.
...ushtarët e OKB-së, të frikësuar prapa telave gjemborë, duke i shiku prindët që mbajnë fëmijë leckamanë tek luten t'i lënë brenda.

Fytyra të përlotura e të hutuara vazhdimisht shfaqen në ekran.

E shikoj Mustafën.
Ai shikon drejt.

I adjust my chair so I can see better.
It creaks loudly.

We watch Mladic enter Srebrenica.
The subtitles explain that the Serb troops drove to the UN base.
That Mladic threatened to wipe out the UN forces.
That the UN commander agreed to let the Serbs coordinate the 'removal' of the people.
The people the UN were there to protect.

We see a line of buses arrive outside the base.
We watch as the women and children are separated from the men.
And the boys.
A soldier shouts and points,
"Men to the left. Women and children to the right."
Mothers weep and beg; their arms outstretched.
Children wail.
Old men stare at the armed Serbs.
Some plead.
Others are resigned.
The school children stare ahead motionless.

Then the numbers appear.
Over 8,000 killed.
Men lined up and gunned down.
In schools.
In barns.
In 'the White House.'
On bridges and dams.
Thousands at a time.
24 hours a day.
"We had to work in shifts," recalls a Serbian soldier testifying in court.

Some of the school children start to sway slightly.
There is no air conditioning.

E rregulloj karrigen që të shoh më mirë.
Kërcet zëshëm fort.

E shohim Mladić-in tek hyn në Srebrenicë.
Titrat shpjegojnë se trupat sërbe shkuan drejt bazës së OKB-së.
Se Mladić kërcënoi që do t'i zhdukte forcat e OKB-së.
Se komandanti i OKB-së pranoi që sërbët të bashkërendonin 'largimin' e njerëzve.
Të njerëzve që OKB-ja ishte aty me i mbrojtë.

Shohim një varg autobusash që ndalen jashtë bazës.
Shikojmë ndërsa gratë dhe fëmijët i ndajnë nga burrat.
Dhe djemtë.
Një ushtar bërtet dhe bën me gisht,
"Burrat në të majtë. Gratë dhe fëmijët në të djathtë".
Nënat qajnë dhe përgjërohen; krahët i kanë të shtrirë.
Fëmijët vajtojnë.
Pleqtë i vështrojnë sërbët e armatosur.
Disa luten.
Të tjerë janë tërheqë.
Fëmijët e shkollës shikojnë pa lëvizë.

Mandej shfaqen shifrat.
Mbi 8000 të vrarë.
Burra të rreshtuar dhe të pushkatuar.
Në shkolla.
Në hambarë.
Në "Shpinë e Bardhë".
Mbi ura e penda.
Me mijëra njëkohësisht.
24 orë në ditë.
"Duhej të punonim me turne", kujton një ushtar sërb që dëshmon në gjykatë.

Disa nga nxënësit e shkollës fillojnë të lëkunden pakëz.
Nuk ka ajër të klimatizuar.

The room is getting hotter.
Mustafa exhales loudly.

Then we watch grainy footage of six young boys, aged about fifteen.
They are bound.
Lying in the back of a van.
Bruised and shaking.
A soldier kicks one in the head as he sits in beside them.
They drive off into the mountains.

They are bundled out of the van.
Made to lie face down on the road.
A soldier stands above them.
One of the boys looks up and speaks.
The soldier laughs;
"Look, he's trembling," he says.

The van drives away.
The subtitles read: 'The driver leaves to get a new battery for the camera so they can continue filming.'
We watch as the boys are led into a field.
They shuffle forward reluctantly at gun point.

Many of the school children glance round, stunned, unsure.
They look like they want their parents.
Some have started to hold hands.

The film focuses in on a boy in a dirty blue jacket.
His face is caked in mud.
The soldiers push him forward.
He walks slowly with his back to the soldiers.
Then he stops.
There is a plume of smoke; he shudders and crumples to the ground.
Another boy walks towards him.
He too is gunned down.
Then another.

Salla po bëhet më e nxehtë.
Mustafa nxjerr frymën zëshëm.

Mandej shikojmë pamje me kokrriza të gjashtë të rinjve, rreth pesëmbëdhjetë vjeçarë.
Janë të lidhur.
Të shtrirë nga mbrapa në një furgon.
Të mavijosur e duke u dridhë.
Një ushtar e shkelmon njërin në kokë ndërsa ulet skaj tyre.
Ata nisen drejt maleve.

I nxjerrin nga furgoni.
I detyrojnë me u shtri me fytyrë kah rruga.
Një ushtar rri sipër tyre.
Njëri nga djemtë sheh tenalt dhe flet.
Ushtari qesh;
"Shiko, po dridhet", thotë ai.

Furgoni largohet.
Në titra shkruan: "Shoferi largohet me marrë bateri të re për kamerën, që të mund ta vazhdojë xhirimin".
Shikojmë teksa i çojnë djemtë në një fushë.
Ata bëjnë përpara gjithë ngurrim prej tytave.

Shumë nga nxënësit e shkollës shikojnë vërdallë, të shtangur, të pasigurt.
Duket sikur kërkojnë prindët.
Disa kanë nisë të mbahen për duarsh.

Filmi fokusohet te një djalë me xhaketë të pistë të kaltër.
Fytyrën e ka të mbuluar me baltë.
Ushtarët e shtyjnë përpara.
Ai ec ngadalë me shpinën kah ushtarët.
Mandej ndalet.
Ka një shllungë tymi; ai dridhet e shembet përtokë.
Një djalë tjetër ec drejt tij.

Then another.
The remaining two boys are forced to carry the bodies into the woods.
When they return they are killed.

The children in front watch it all.
Their heads bow and their bodies shake.
The room starts to fill with the soft noise of children crying.
Little hands stroke backs.
Tissues are exchanged.
Braceleted arms are placed around shoulders.
One little girl stands.
She pulls her 'Hello Kitty' t-shirt up over her face and walks out.
Her friend follows.

The film ends.

Edhe atë e pushkatojnë.
Mandej një tjetër.
Mandej një tjetër.
Dy djemtë e mbetur i detyrojnë me i bartë kufomat në pyll.
Kur kthehen, i vrasin.

Fëmijët para nesh i shikojnë të gjitha.
Kokat u kërrusen e trupat u dridhen.
Salla nis me u mbushë me zhurmimin e lehtë të fëmijëve që qajnë.
Duar të vogla rrahin shpina.
Shkëmbehen faculeta.
Krahë me bylyzykë vihen mbi supe.
Një vajzë e vogël çohet.
Tërheq bluzën 'Hello Kitty' mbi fytyrë dhe del jashtë.
Shoqja e ndjek.

Filmi mbaron.

"There is more..."

"Ka ende..."

We stand.
I look at Mustafa.
"Jesus Christ," I say.
He looks at me.
"Yes," he nods slowly.
He points towards the door.
"Let's go forward."
We walk out of the room into the main part of the building.

This is where the UN troops were stationed.
It's very hot; there's no air conditioning.
The walls of the corridor are covered with pictures of smiling soldiers.
They wave at the camera.
Carry sandbags.
Stand proudly with weapons.
Give sweets to children.
A video shows General Morillon making his speech in March 1993.
"I will never abandon you."

The school children file into the corridor.
Many are still sobbing.
The girl in the 'Hello Kitty' t-shirt is being supported by two friends.
She stuffs a tissue into her sleeve.

Mustafa ushers me towards a side room.
It is filled with large maps.
There's a series of photos of the various UN generals who were stationed here.
There are pictures of Serb soldiers.
Armed.
Firing into the woods.
Trying to kill those who fled before the Serb soldiers reached the UN base.
A man holds a long belt of bullets for another who smiles as he fires a huge gun.

Çohemi.
E shikoj Mustafën.
"Jezu Krisht!", i them.
Ai më shikon.
"Po", tund kryet ngadalë.
Tregon drejt derës.
"Të shkojmë përpara".
Dalim nga salla në pjesën kryesore të ndërtesës.

Këtu qenë vendosë trupat e OKB-së.
Është shumë vapë; nuk ka klimatizim ajri.
Muret e korridorit janë plot me fotografi ushtarësh të buzëqeshur.
Ata ia bëjnë me dorë kamerës.
Mbajnë thasë rëre.
Qëndrojnë krenarë me armë.
U japin bonbone fëmijëve.
Një video shfaq gjeneralin Morillon duke mbajtë fjalimin në mars 1993.
"S'do t'ju braktis kurrë".

Nxënësit e shkollës futen në korridor.
Shumë nga ta ende po qajnë.
Vajzën me bluzën 'Hello Kitty' po e mbajnë dy shoqe.
Ajo fut një faculetë në mëngë.

Mustafa më çon drejt një salle anësore.
Është plot me harta të mëdha.
Ka një varg fotosh të gjeneralëve të ndryshëm të OKB-së që ishin vendosë këtu.
Ka fotografi të ushtarëve sërbë.
Të armatosur.
Duke gjujtë drejt pyllit.
Në përpjekje me i vra ata që ikën para se ushtarët sërbë të arrinin në bazën e OKB-së.
Një burrë ia mban një brez të gjatë plumbash një tjetri që buzëqesh ndërsa qëllon me një armë të madhe.

"The Seeder of Death," Mustafa says.
I nod.

We walk towards the side wall.
"Do you know of Hasan Nuhanović?" Mustafa asks.
"No," I say.
He points to a large storyboard beside a video.
"Please," Mustafa says.
I read.

Hasan Nuhanović worked for the UN peacekeeping force as a translator.
When the Serbs entered Srebrenica, his family fled to the UN base.
I look at the pictures of his parents and brother.
Then the Dutch Colonel, Thom Karremans, reached the agreement with Mladic.
All the locals inside the base had to leave.
The Serbs would take care of them.

Hasan Nuhanović hid his mother, father, and brother in his office.
The Dutch soldiers came to his office in the evening.
He pleaded.
"You stay, but your family must leave," the UN soldiers said.
And so, they were handed over to the Serbs.
Hasan's mother Nasiha's charred remains were found in a rubbish heap in Jarovlje.
His brother Muhamed and father Ibro were buried in a mass grave near Pilica.
Their bodies were later dug up with bulldozers when the Serbs tried to hide their crimes.
They were reburied in a mass grave at Kamenica.

Ever since, Hasan Nuhanović has sought to publicise what happened.
To uncover the truth.
To locate the bodies.

"Mbjellësi i vdekjes", më thotë Mustafa.
Unë tund krye.

Ecim drejt murit anësor.
"A ke ndi për Hasan Nuhanović-in?" pyet Mustafa.
"Jo", i them.
Ai tregon një tabelë të madhe afër një videoje.
"Të lutem", thotë Mustafa.
E lexoj.

Hasan Nuhanović ka punu për forcën paqeruajtëse të OKB-së si përkthyes.
Kur sërbët hynë në Srebrenicë, familja iu strehu në bazën e OKB-së.
Shikoj fotot e prindëve dhe vëllait të tij.
Mandej Koloneli holandez, Thom Karremans, arriti një marrëveshje me Mladić-in.
Të gjithë vendasit brenda bazës duheshin largu.
Sërbët do të kujdeseshin për ta.

Hasan Nuhanović fshehu të ëmën, të atin dhe vëllanë në zyrën e vet.
Ushtarët holandezë i erdhën në zyrë në mbrëmje.
Ai u përgjërua.
"Ti rri, por familja jote duhet të largohet", i thanë ushtarët e OKB-së.
Dhe kështu, ata iu dorëzuan sërbëve.
Mbetjet e karbonizuara të Nasihas, nënës së Hasanit, u gjetën në një grumbull plehrash në Jarovle.
Vëllai i tij Muhamedi dhe babai Ibro qenë varrosë në një varr masiv pranë Pilicës.
Trupat më vonë u gërmuan me buldozerë kur sërbët tentuan me i fshehë krimet.
Ata u rivarrosën në një varr masiv në Kamenicë.

Që atëherë, Hasan Nuhanović ka kërku me bë publike atë që ka ndodhë.
Me shpalosë të vërtetën.
Me i gjetë kufomat.

To prosecute the perpetrators.
To comfort the survivors and the bereaved.

I watch Hasan Nuhanović speak.
He is calm, resolute and eloquent.
My god, I think.

“There is more,” Mustafa says, pointing towards the door.

Me i paditë kryesit.
Me i ngushëllu të mbijetuarit dhe të humburit.

E shikoj Hasan Nuhanović-in duke folë.
Është i qetë, i vendosur dhe elokuent.
O Zot, mendoj me vete.

"Ka ende", më thotë Mustafa, duke tregu kah dera.

"I'm your best friend I kill you for nothing..."

"Të kam shok të ngushtë, të vras pa pare..."

We walk through the dorms where the Dutch soldiers lived.
The walls are covered in graffiti drawn by the troops.

There are hand-drawn calendars marking off days.
Troop regiment mottos.
Soldier's names.

There are also some large, badly drawn images.
Half-naked big-breasted women holding guns.
Half-naked big-assed women riding motorbikes.
Half-naked big-assed, big-breasted women pulling off their clothes.
Strange mouse/women hybrids shooting pistols.

There are also slogans.

"UN: United Nothing"
"I'm your best Friend I Kill You For Nothing: Bosnie 94"
"No Tourists So No Money- No Business So No Economy- No Peace So No Future"
"My Ass is Like a Local: It's Got the Same Smell"
"No teeth...? A moustache...? Smells like Shit...? Bosnian Girl!"

I feel embarrassed reading this with Mustafa.
"What the hell is this?" I ask.
"They are just young boys," he shrugs. "They get bored."
I sigh loudly.
I think of the school children reading these words.
Looking at these drawings.

I imagine Hasan Nuhanović living and working with these people.

Ecim nëpër konviktet ku flenin ushtarët holandezë.
Muret janë të mbuluara me grafite të vizatuara nga ushtarët.

Ka kalendarë të vizatuar me dorë që shënojnë ditët.
Moto të regjimentit të trupave.
Emra ushtarësh.

Ka edhe do vizatime të mëdha, bë keq.
Gra gjysmëlakuriqe gjimëdha që mbajnë armë.
Gra gjysmëlakuriqe bythëmëdha mbi motoçikleta.
Gra gjysmëlakuriqe bythëmëdha, gjimëdha që shqyejnë rrobat e veta.
Hibride të çuditshme mi-gra që gjuajnë me armë.

Ka edhe slogane.

"OKB: Organizata Kundër Bashkimit"
"Të kam shok të ngushtë dhe të vras pa pare: Bosnje '94"
"S'ka turistë, pra s'ka pare- s'ka biznes, pra s'ka ekonomi- s'ka paqe, pra s'ka të ardhme"
"Bythën e kam si vendasit: njëjtë i vjen era"
"Pa dhëmbë...? Me mustaqe...? I vjen era mut...? Vajzë boshnjake!"

Ndihem në siklet kur lexoj këto me Mustafën.
"Çka dreqin është kjo?", e pyes.
"Janë thjesht djem të rinj", rrudh supet. "Mërziten".
Psherëtij zëshëm.
Mendoj për fëmijët e shkollës që lexojnë këto fjalë.
Që shohin këto vizatime.

E mendoj Hasan Nuhanović-in tek jeton e punon me këta njerëz.

"Everyone is smiling in the barbershop..."

"Të gjithë po buzëqeshin te berberi..."

We walk up a flight of stairs into the 'barber shop.'
An information board explains that soldiers received free haircuts.
The heat is especially stifling in this small room.

Images on the wall show a barber smiling as he cuts soldier's hair.
Smiling as he poses with freshly shorn soldiers.
Drinking coffee and smiling with smiling soldiers.
Everyone is smiling in the barbershop.

The board says the barber – a local man – worked here for three years.
He must have got to know them as he listened to them talk.
About the heat.
The low pay.
The boredom.
The locals.
The shit food.
The local women.
The 'ancient ethnic hatreds.'
The conflict that no-one can solve.
Their homes in the Netherlands.
Their favourite Dutch food.
The locals.
The *fucking* locals.

When the Serbs entered Srebrenica, the barber fled the base.
He chose not to stay with the UN soldiers.
He didn't believe the soldiers he'd come to know would protect him.

The barber survived.

Ngjitemi shkallëve për te "berberi".
Një tabelë informative shpjegon se ushtarët qetheshin falas.
Vapa ngulfat së tepërmi në këtë dhomë të vogël.

Pamjet në mur tregojnë një berber të buzëqeshur tek qeth ushtarin.
Që buzëqesh tek pozon me ushtarët e sapoqethur.
Që pi kafe dhe buzëqesh me ushtarë të qeshur.
Të gjithë janë të buzëqeshur te berberi.

Tabela thotë se berberi – një vendas – ka punu këtu tre vjet.
Duhet t'i ketë njohë mirë duke ua dëgju bisedat.
Rreth vapës.
Pagës së ulët.
Mërzisë.
Vendasve.
Ushqimit mut.
Femrave vendase.
"Urrejtjeve të lashta etnike".
Konfliktit që nuk mund ta zgjidhë njeri.
Shpive të tyre në Holandë.
Ushqimit të tyre të preferuar holandez.
Vendasve.
Vendasve të *leshit*.

Kur sërbët hynë në Srebrenicë, berberi iku nga baza.
Zgjodhi të mos rrinte me ushtarët e OKB-së.
Nuk besonte se do ta mbronin ushtarët që i kishte njohë.

Berberi mbijetoi.

"Crates of Heineken are loaded from trucks..."

"Arkat me Heineken ngarkohen nga kamionat..."

Mustafa leads me into another room.
I'm very thirsty.
I can see the heat is getting to Mustafa too.
We left our bottles of water in the car.

There is a bank of TV screens.
I put on headphones and play the first video.
Its 1 minute and 32 seconds long.
It shows General Mladic talking to Colonel Karremans.
Mladic threatens him and his soldiers.
Karremans looks terrified.

I play the second video.
Its 46 seconds long.
It shows Mladic and Karremans at the UN base.
The Dutch troops are leaving.
Mladic is very happy.
He wishes Karremans well and presents him with a wrapped bottle of wine.
"For my wife?" laughs Karremans.
They all laugh.

My feet are throbbing.
I've got a headache.
There is a strange taste in my mouth.

I play the third video.
It shows the Dutch troops leaving Srebrenica.
They go to a base outside Zagreb.
They have a party.
They dance in a conga line.
They sing.
Crates of Heineken are loaded from trucks.

I've never seen this before.
Mustafa stands beside me.

Mustafa më çon në një tjetër dhomë.
Kam shumë etje.
Shoh se vapa po e mposht edhe Mustafën.
Shishet e ujit i kemi lënë në makinë.

Është një bankë ekranesh televizive.
I vë kufjet dhe luaj videon e parë.
Është e gjatë 1 minutë e 32 sekonda.
Tregon gjeneralin Mladić duke folë me Kolonelin Karremans.
Mladić kërcënon atë dhe ushtarët.
Karremans duket i lemeritur.

Lëshoj videon e dytë.
Është e gjatë 46 sekonda.
Tregon Mladić-in dhe Karremans-in në bazën e OKB-së.
Trupat holandeze po largohen.
Mladić është shumë i kënaqur.
I uron çdo të mirë Karremans-it dhe i dhuron një shishe venë të mbështjellë.
"Për gruan time?", qesh Karremans.
Të gjithë qeshin.

Më pulsojnë shputat.
Më dhemb kryet.
Seç kam njëfarë shije në gojë.

Lëshoj videon e tretë.
Tregon trupat holandeze tek largohen nga Srebrenica.
Shkojnë në një bazë jashtë Zagrebit.
Bëjnë festë.
Kërcejnë në linjë *conga*.
Këndojnë.
Arkat me Heineken ngarkohen nga kamionat.

Kurrë nuk e kam pa këtë.
Mustafa më rri pranë.

The party descends into a churning mass of gurning faces and intertwined limbs.

I play the fourth video.
Karremans is giving a press conference.
He defends his decisions.
He denies reports that a massacre occurred.
He criticises those who don't understand what 'really' happened.
"There were no good guys, no bad guys," he says.

The video of the troops dancing and drinking is on repeat to my left.
I see the school children walk past the window outside.
At the other end of the room, I can see the video of Hasan Nuhanović.
To my right I see Mladic and Karremans laughing.
"No good guys, no bad guys."
The room is like an oven.
I stare at the screens.
My head is throbbing.
I've never been so thirsty.

Nuhanović.
Mladic.
Karremans.
The dancing soldiers.
"No good guys, no bad guys."

I look around.
Maybe there is a tap somewhere.
Maybe Mustafa has stored water somehow.
He's standing watching the soldiers dancing.
A pallor of sweat across his brow.

Nuhanović.
Mladic.
Karremans.

Festa shthuret në masë të përzier fytyrash groteske dhe gjymtyrësh të ndërthurura.

Lëshoj videon e katërt.
Karremans po jep konferencë për shtyp.
Mbron vendimet e veta.
Mohon njoftimet se ka pasë masakër.
Kritikon ata që nuk kuptojnë çka ka ndodhë "vërtet".
"Nuk kish çuna të mirë, a çuna të këqij", thotë.

Videoja e ushtarëve duke kërcy e duke pi më përsëritet në krah të majtë.
Shoh nxënësit e shkollës që kalojnë jashtë pranë dritares.
Në anën tjetër të dhomës shoh videon e Hasan Nuhanović-it.
Në të djathtë shoh Mladić-in dhe Karremans-in duke qeshë.
"S'ka çuna të mirë, as çuna të këqij".
Dhoma është si furrë.
Ua ngul sytë ekraneve.
Kryet më vlon.
S'kam qenë kurrë kaq i etur.

Nuhanović.
Mladić.
Karremans.
Ushtarët që kërcejnë.
"S'ka çuna të mirë, as çuna të këqij".

Shikoj përreth.
Ndoshta ka ndonjë rubinet diku.
Ndoshta Mustafa ka rujtë ujë disi.
Ai po i shikon ushtarët duke kërcy.
Një shtresë djerse ka nëpër ballë.

Nuhanović.
Mladić.
Karremans.

The dancing soldiers.
"No good guys, no bad guys."

Suddenly I feel like something pops behind my eyes.
These fucking people!
Mladic.
Karremans.
The dancing soldiers
What they did and didn't do.

But why now I think?
I've spent twenty years reading about atrocities like this.
Writing.
Thinking.
Researching.
Criticising.
Suggesting.

But now it feels like some force is laughing at me.
"Now as you stand here,
in front of this,
do you see that you and all your work,
and your words are nothing?"

I pull off the headset.
"Fuck this," I say.
A trickle of sweat runs down my face.
I turn to Mustafa.
He looks shocked.

"What the fuck is this shit?" I say.
"What?" he asks.
"All of this" I say pointing, "this fucking scandal!"
"Ok," he says, "I know."
"Look at them! They are the UN!" I shout, "The fucking UN!"
"Yes, I know," he says.

Ushtarët që kërcejnë.
“S’ka çuna të mirë, as çuna të këqij”.

Papritmas më duket se diçka më brof pas syve.
Këta njerëz të ndytë!
Mladić.
Karremans.
Ushtarët që kërcejnë.
Çka bënë dhe çka nuk bënë.

Por pse tash mendoj?
Kam kalu njëzet vjet duke lexu për mizori si kjo.
Duke shkrujtë.
Mendu.
Hulumtu.
Kritiku.
Sugjeru.

Tash më duket sikur njëfarë force po qesh me mua.
“Tash ndërsa je këtu,
përballë kësaj,
a e sheh se ti me gjithë punën tënde,
e me fjalët e tua nuk jeni asgjë?”

Heq kufjet.
“Vari leshtë”, them.
Një curril djerse më rrjedh fytyrës.
I drejtohem Mustafës.
Ai duket i tronditur.

“Çka dreqin është ky mut?”, i them.
“Çka?”, më pyet.
“Krejt kjo”, i them duke tregu me gisht, “ky dreq skandali!”
“Ok”, thotë ai, “E di”.
“Shikoji. Ata janë OKB-ja!” “OKB-ja e karit!”, kelthas unë.
“Po, e di”, më thotë.

“Threatened by that little bastard Mladic!” I say. “The UN! Told what to do by that murderer! Ordered to turn over the civilians!”
“Ok,” says Mustafa.

The screens keep playing the images.
“And what’s this party shit?” I say.
“A party!” I say again.
“Yes,” he says, “but...”
“They’re having a fucking party! I mean...”
“I *know*,” he shouts at me, “*I* know!”
Anger flashes across his eyes.
Then he exhales slowly.
He turns to the screens.
He points.
“These soldiers,” he says calmly, “I do not believe they are happy because my people are killed.”
He looks at me.
“They are young. They believed they were going to die. They are only happy to be alive.”
We watch the soldiers.
“They are happy to have escaped,” he says, “that is all.”
Maybe, I think.

“But the Colonel,” I say, “and all those people back at the UN in New York...They could have stopped this,” I say, “and they *should* have stopped this! They....”
“Yes,” he says angrily, “I told you *I know*!”

He walks away from me.
He stops and turns.
He is crying.
“You see those boys in the video,” he says, “shot in the woods?”
“Yes,” I say
“They were two, three years younger than me then.”
He takes off his glasses.
“I think about these boys often,” he says.

"Që kërcënohet prej atij qenit të vocërr Mladić-it!", i them. "OKB-ja! Që lë veten me u diktu nga ai vrasës! Që urdhërohet me i dorëzu civilët"!
"Ok", thotë Mustafa.

Ekranet vazhdojnë me i shfaqë pamjet.
"Edhe çka leshin është kjo mut feste?", i them.
"Festë!", përsëris.
"Po", thotë ai, "por..."
"Ata trapa po bëjnë festë! Po mendoj..."
"E *di*", më bërtet ai, "E di!"
Zemërimi i shkrep në sy.
Mandej nxjerr frymë ngadalë.
U kthehet ekraneve.
Tregon me gisht.
"Këta ushtarë", thotë me qetësi, "nuk besoj që janë të lumtur pse populli im është vra".
Më shikon mua.
"Janë të rinj. Kanë mendu se do të vdisnin. Po gëzohen veç që janë gjallë".
I shikojmë ushtarët.
"Janë të lumtur që kanë shpëtu", thotë, "kaq është e gjitha".
Ndoshta, mendoj.

"Por koloneli", i them, "dhe të gjithë ata në OKB të Nju Jorkut... Ata mund ta kishin ndalu këtë", i them, "dhe *duhet* ta kishin ndalu! Ata..."
"Po", thotë ai me zemërim, "të thashë se *e di*"!

Largohet nga unë.
Ndalet dhe kthehet.
Është duke qa.
"I pe ata djemtë në video", thotë, "të vrarë në pyll?"
"Po", ia kthej.
Ishin dy-tre vjet më të rinj se unë atëherë.
Heq syzet.
"Shpesh mendoj për këta djem", thotë.

I look at him.
The soldier who has stayed sane because he's not afraid to cry.
He strokes his forehead.
Rubs his eyes.

I think I should hug him.
Or put my arm on his shoulder.
Something.
Do it, I tell myself, he's crying in front of you.

We stand awkwardly.
He puts his glasses back on.
He walks towards the door and gestures.
I follow.

E shikoj.
Ushtari që nuk u çmend se nuk ka frikë me qa.
E përkëdhel ballin.
Fërkon sytë.

Mendoj se më duhet ta përqafoj.
Ose t'ia vë krahun mbi sup.
Diçka.
Hajt, i them vetes, ai po qan para teje.

Rrimë si në siklet.
Ai i vë prapë syzet.
Shkon drejt derës dhe bën me gjest.
Unë e ndjek.

“The greatest sandwich I’ve ever eaten...”

“Sanduiçi më i mirë që kam ngrënë ndonjëherë...”

We walk around the rest of the building.
Karremans' office.
The control room.
Old computers used in 1995.
More graffiti.

Faces stare from all sides.
Heroes.
Villains.
Victims.
Survivors.
Dutch soldiers with post-traumatic stress disorder.

It's a blur.
I've stopped reading the information on the signs.
I want to get out.

We walk back downstairs.
Mustafa leads us towards some double doors in the room that shows the film.
Another group of children are seated.
Talking.
Laughing.
Waiting for it to start.

Mustafa pulls vainly at the doors.
"They are locked," he says.
"Ok," I say.
"We must discover another way out," he says.
I follow him.
He finds a door.

We walk out into a wall of heat.
I think I'm going to faint.
Mustafa squints.
"Let us now eat," he says.
"Ok," I say.

Ecim nëpër pjesën tjetër të ndërtesës.
Zyra e Karremans-it.
Dhoma e kontrollit.
Kompjuterë të vjetër, të përdorur më 1995.
Të tjera grafite.

Fytyra që shikojnë nga të gjitha anët.
Heronj.
Horra.
Viktima.
Të mbijetuar.
Ushtarë holandezë me çrregullime stresi post-traumatik.

Është turbullirë.
Nuk i lexoj më informatat për shenjat.
Dua të dal.

Kthehemi teposhtë.
Mustafa na çon drejt ca dyerve të dyfishta në sallën që shfaq filmin.
Një grup tjetër fëmijësh janë të ulur.
Flasin.
Qeshin.
Presin të fillojë.

Mustafa tërheq kot dyert.
“Janë të mbyllura”, thotë.
“Ok”, ia kthej.
“Duhemi me gjetë një dalje tjetër”, thotë.
Unë e ndjek.
Ai gjen një derë.

Dalim jashtë në një mur nxehtësie.
Më bëhet se do më bjerë të fikët.
Mustafa picërron sytë.
“Të hamë tash”, thotë.
“Po”, ia kthej.

We walk back towards the car.
Very slowly.
The land all around is glistening in the heat.
I hear goats calling somewhere in the distance.

As we near the car Mustafa stops.
"Please," he says, "you wait under this roof."
He points towards a building with a garage to its right.
"It will be cooler in the shade," he says.
"Ok," I say.
"I will get the sandwiches and water from the car, and we will eat here," he says.
"Ok," I say.

I walk into the garage and sit down on a step.
It's mercifully cooler.
Up on the hillside I see a group of men pushing a tractor.

Mustafa returns with the two yellow plastic bags and our bottles of water.
He sits beside me.
"Because it was in the car" he says, "the water is hot."
"I can imagine," I say.
"You cannot imagine how hot it is," he says.
"Ok," I say.

I open the bottle and drink.
It's horribly warm.
But I feel some of my organs crying with relief.

Mustafa passes me a yellow bag.
"This," he says "is for you. The vegetarian sandwich."
"Thanks," I say.
I dread eating it.
It's wrapped in cling film.
It looks like the bread has become liquefied.

Marr me u kthy drejt veturës.
Shumë ngadalë.
Toka përreth po shkëlqen nga vapa.
Ndihen dhitë dikah larg.

Sa i afrohemi veturës, Mustafa ndalet.
"Të lutem", thotë, "prit nën këtë çati".
Tregon drejt një ndërtese me një garazh në të djathtë.
"Do të jetë më freskët nën hije", thotë.
"Ok", ia kthej.
"Do t'i marr sanduiçët dhe ujin nga vetura dhe do të hamë këtu", thotë.
"Ok", ia kthej.

Hyj në garazh dhe ulem në një shkallë.
Është mëshirueshëm më freskët.
Lart në kodër shoh një grup burrash që shtyjnë një traktor.

Mustafa kthehet me dy qese të verdha plastike dhe shishet me ujë.
Ulet pranë meje.
"Mbasi ishte në veturë", thotë, "uji është ngrohë".
"E marr me mend", i them.
"Nuk e merr me mend sa i ngrohtë është", thotë.
"Ok", ia kthej.

E hap shishen dhe pi.
Është tmerrësisht i ngrohtë.
Por ndjej se disa nga organet më klithin të lehtësuara.

Mustafa ma kalon një qese të verdhë.
"Kjo", thotë, "është për ty. Sanduiç vegjetarian".
"Faleminderit", i them.
Kam frikë ta ha.
Është i mbështjellë me najlon të hollë.
Duket sikur buka është bërë e lëngshme.

I take a bite.
It's surprisingly good.
It's actually the greatest sandwich I've ever eaten.
I eat it ravenously.
Mustafa is wolfing his down too.
We sit on the step together biting and chewing.
"I don't know when this was put in every sandwich," Mustafa says pointing at sweetcorn. "Do you like this?"
"Yes," I say.
He flicks a few kernels away.
"I do not," he says. "It is too sweet in a sandwich."

He finishes his water.
"We can refill with fresh cool water at the graveyard," he says.
"Ok," I say.
"Do you want to see my children?" Mustafa asks.
"Yes," I say.
He passes me his phone.
It shows a picture of two boys lying on a bed laughing.
"They're beautiful."
"Thank you," he says. "They are."
"Your wife must be very pretty," I say laughing.
"She is," he says.
"I'm only joking," I say.
"Yes," he says, "I know."

He takes back his phone and looks at his sons.
"I hope that they never know war," he says.
"Yes," I say, "of course."
"That is why I tell them, there is many ways to be a man," he says, "Muslim, Christian, Catholic. But you have to always be good: you understand?"
"Yes," I say.

Kafshoj një cep.
Është çuditërisht e mirë.
Është në fakt sanduiçi më i mirë që kam ngrënë ndonjëherë.
E ha me tërbim.
Edhe Mustafa po e kollofit të vetin.
Ulemi bashkë në shkallë duke kafshu e përtypë.
"Nuk di kur është futë kjo në çdo sanduiç", thotë Mustafa duke tregu misrin e ëmbël. "A të pëlqen ky?"
"Po", ia kthej.
Ai nxjerr disa kokrra.
"Mua jo", thotë. "Është shumë ëmbël për sanduiç".

E mbaron ujin.
"Mund t'i rimbushim me ujë të freskët në varreza", thotë.
"Ok", ia kthej.
"A don të m'i shohësh fëmijët?", pyet Mustafa.
"Po", ia kthej.
Ai ma jep telefonin.
Tregon një foto me dy djem të shtrirë në shtrat duke qeshë.
"Qenkan të bukur".
"Faleminderit", thotë, "vërtet janë".
"Gruan duhet ta kesh shumë të bukur", i them duke qeshë.
"E kam", thotë.
"Veç po tallem", i them.
"Po", thotë, "e di".

Merr telefonin dhe shikon djemtë.
"Shpresoj që kurrë të mos e njohin luftën", thotë.
"Po", i them, "sigurisht".
"Prandaj u them se ka shumë mënyra me qenë njeri", thotë, "musliman, katolik, ortodoks. Por duhet të jeni gjithmonë të mirë: a kuptoni?"
"Po", ia kthej.

We smoke.
We watch cars pass by.
Birds soar overhead.

He carefully wraps up the sandwich packaging, stands and puts it in a bin.
"Ok," he says, "now we see the exhibition."
"Ok," I say.

We set off towards another building.
Back through the heat.

Pimë duhan.
Shikojmë veturat që kalojnë.
Zogjtë na fluturojnë mbi krye.

Ai mbështjell me kujdes sanduiçin, çohet dhe e vë në një kosh.
“Ok”, thotë, “tash ta shohim ekspozitën”.
“Ok, ia kthej.

Nisemi drejt një ndërtese tjetër.
Prapë nëpër vapë.

“He is a nobody! He is my friend...”

“Ai është një askush! E kam shok...”

We walk slowly towards what looks like an abandoned industrial warehouse.
It seems to take hours.
There is no escaping the ferocious sun.

My feet feel like lead.
My eyesight begins to fade.
I'm sure I can see stars popping in front of me.
"It's the heat," I say to myself.
"I know," I say.
Mustafa appears to be walking in slow motion.

The graveyard is closer now.
It's across the road; I can make out more of the gleaming white pillars.

Mustafa stops to pull a stone from his shoe.
"Sorry," he says.
"It's ok," I say.
He removes the stone and stands.
"I am sorry for this also," he says pointing up at the sun.
"It's ok," I say.
"Yes," he says as he looks at me warily.
We continue forward.

I suddenly feel like we've made a terrible mistake.
The sun is going to kill us.
We must retreat.
I look at Mustafa.
Sweat is pouring down his face.
He tries to smile.
I try too.

Eventually, we make it to the entrance of the warehouse.
"Please," says Mustafa pointing towards the open door.
"Thanks," I say, entering.

Ecim ngadalë drejt asaj që duket si magazinë industriale e braktisur.
Më bëhet se ecim me orë.
Nuk ka shpëtim nga dielli i egër.

Këmbët i kam të rënda plumb.
Të pamit nis më zbehet.
Bëj be se shoh yje që më dalin përpara.
"Është vapa", them me vete.
"E di", them.
Mustafa duket sikur po ec në xhirim të ngadalësuar.

Varreza është më afër tash.
Është përtej rrugës; mund të dalloj më shumë nga shtyllat e bardha që shndrisin.

Mustafa ndalet me nxjerrë një guralec nga këpuca.
"Më fal", thotë.
"S'ka gjë", i them.
Ai heq gurin dhe ngrihet.
"Më vjen keq edhe për këtë", thotë duke tregu diellin.
"S'ka gjë", i them.
"Po", thotë ndërsa më shikon gjithë kujdes.
Vazhdojmë përpara.

Papritmas më vjen sikur kemi bë një gabim të tmerrshëm.
Dielli do të na vrasë.
Duhet të tërhiqemi.
E shikoj Mustafën.
Djersa i derdhet fytyrës.
Ai përpiqet me buzëqeshë.
Përpiqem edhe unë.

Së mbrami, arrijmë te hyrja e magazinës.
"Të lutem", thotë Mustafa duke tregu kah dera e hapur.
"Faleminderit", i them duke hy.

Inside it's huge and beautifully cold.
It feels like we've walked into a fridge.
My body embraces the delicious cool air.
Mustafa exhales, "It is nice," he says.
"Yes," I say, "wow."
We both stand slowly inhaling and exhaling.

On the right of the entrance foyer there is a kiosk.
It's locked and looks disused.
A 'Remember Srebrenica' poster hangs on one of the windows.
There is red rope on the floor in front half lying in a puddle of water.

There are pictures all along the walls of the huge warehouse.
A massive machine lies dormant in the middle of the room.
On the right-hand side is a row of glass cases.
I can hear what sounds like birds chirping.
Every twenty seconds or so.
Lightly.
The sounds echo around the room.

Mustafa points to the wall with the framed pictures.
"These are people who have visited since 1995."
"Right," I say.
There is an assortment of earnest-faced politicians.
Laying wreaths.
Solemnly shaking hands.
Looking at gravestones.
Speaking to bereaved mothers.
Nodding.
Promising.
"Never again."

Mustafa points at one picture.
It shows three men.
A man in the middle is striding directly towards the camera, head held high.

Brendia është e madhe dhe për bukuri e ftohtë.
Më duket sikur kemi hy në frigorifer.
Trupi ma përqafon ajrin e këndshëm të freskët.
Mustafa nxjerr frymë, "Qenka mirë", thotë.
"Po", ia kthej, "ueh".
Të dy rrimë duke marrë frymë ngadalë.

Në të djathtë të hollit hyrës është një kioskë.
Është e kyçur dhe duket e papërdorur.
Një poster "Mos harroni Srebrenicën" varet në njërën nga dritaret.
Një litar i kuq tutje në dysheme është gjysmë i shtrirë nëpër pellg uji.

Ka fotografi gjithandej mureve të magazinës së madhe.
Një veturë masive rri e fjetur në mes të sallës.
Në të djathtë është një radhë me kuti prej xhami.
Ndiej diçka që tingëllon si cicërimë zogjsh.
Çdo njëzet sekonda pak a shumë.
Zbehtë.
Tingujt jehojnë nëpër dhomë.

Mustafa tregon kah muri me foto të kornizuara.
"Këta janë njerëzit që kanë vizitu që nga viti 1995".
"Qartë", i them.
Ka një shumëllojshmëri politikanësh me fytyrë të sinqertë.
Që vënë kurora.
Shtrëngojnë duart solemnisht.
Shikojnë gurët e varreve.
Flasin me nënat e zishme.
Tundin kryet.
Premtojnë.
"Kurrë më".

Mustafa tregon një fotografi.
Në të janë tre burra.
Ai në mes po ec drejt kamerës, me kryet tenalt.

The other two are walking slightly behind him, bowed, and moving towards the sides.
"Do you know who is the important person in this picture?" he asks.
I look but I don't recognise the man in the middle.
"No," I say.
"Yes," he says, "you do. Look," he points again.
I strain forward.
"Sorry," I say, "I don't know."
Mustafa looks really bewildered.
He points again.
"In this picture" he says slowly, "who is the most important person?"
I shake my head.
He's annoyed.
"You think the important person is him, yes?" he says pointing at the man in the middle.
"Yeah," I say tentatively.
"It is not him," he says proudly.
He points at the man on the right, "It is him," he says. "He is the important person; he is the foreign leader."
"Ok," I say.
"This man," he says pointing at the man in the middle, "he is a nobody! He is my friend Arben, the translator."
Mustafa laughs.
"Ok," I say. "And who is this man?" I ask pointing at the genuinely important man in the picture.
"An Asian leader," Mustafa says. "I don't know his name."

We continue to walk along the wall.
Mustafa occasionally points out someone especially famous.
I've no interest in looking at the dignitaries.
He can tell and soon gives up.

Dy të tjerët ecin pak mbrapa tij, të përkulur dhe duke lëvizë anash.
"A e di kush është personi i rëndësishëm në këtë foto?", më pyet.
Shikoj, por nuk arrij ta njoh njeriun në mes.
"Jo", i them.
"Po", thotë ai, "e di. Shikoje", tregon prapë.
Kërrusem përpara.
"Më fal", i them, "nuk e di".
Mustafa duket vërtet i hutuar.
Tregon prapë.
"Në këtë foto", thotë ngadalë, "kush është më i rëndësishmi"?
Unë tund kryet.
Ai zemërohet.
"Po mendon se më i rëndësishmi është ky, a po?" thotë duke tregu tipin në mes.
"Po", i them me ngurrim.
"Nuk është ai", thotë me krenari.
Ma tregon burrin në të djathtë, "Është ky", thotë. "Ky është personi i rëndësishëm; është lider i huaj".
"Ok", i them.
"Ky njeri", më thotë duke ma tregu burrin në mes, "është një askush! Është miku im Arbeni, përkthyesi".
Mustafa qesh.
"Ok", i them. "Dhe kush është ky?", e pyes duke tregu njeriun vërtet të rëndësishëm në foto.
"Një udhëheqës aziatik", thotë Mustafa. "Nuk ia di emrin".

Vazhdojmë me ecë përgjatë murit.
Mustafa tregon herë mbas here dikë veçanërisht të famshëm.
Nuk më intereson t'i shikoj titullarët.
Ai e kupton dhe shpejt heq dorë.

"We are lucky they are songbirds..."

"Jemi me fat që janë zogj këngëtarë..."

At the far end of the room is an exhibition of photographs by Ron Haviv. We walk along the wall together slowly.

Mustafa points.
"This," he says, "is when the war started."
It is a picture of a peace march through Sarajevo in April 1992.
The crowds carry Yugoslav flags and hold up peace signs.

The next pictures show marchers cowering as they look up towards a tall hotel.
"Snipers," he says. "They shot at the crowd from high up."
Lots of the people cowering are smoking.
There is a picture of a body covered in a sheet.
"I always tell people," he says, "the people killed by this sniper; they were Bosniaks, Croats and Orthodox."

Another picture shows a young man in a beret shooting towards the hotel.
"He is returning fire," Mustafa says.
"Ok," I say.
We move on as the bird's chirping reverberates around the hall.

There is a picture of a soldier kicking the corpse of an old woman in Bijeljina.
Emaciated men imprisoned in concentration camps.
Women and old men crying upon hearing the news that the UN troops had abandoned Srebrenica.
Neither of us speak.
The birds keeping chirping.

We walk past a huge dripping machine.
It looks like some futuristic creature that's been beached here.
Along another wall some of the Dutch troop's graffiti are mounted on large placards.
"My Ass is Like a Local: It's Got the Same Smell"
"UN: United Nothing"
"I'm your best Friend I Kill You For Nothing: Bosnie 94"
"No Tourists So No Money- No Business So No Economy- No Peace So No Future"

Në skajin tjetër të sallës është një ekspozitë me fotografi nga Ron Haviv.
Ecim ngadalë bashkë përgjatë murit.

Mustafa tregon me gisht.
"Kjo", thotë, "është kur nisi lufta".
Është fotografi e një marshimi paqeje nëpër Sarajevë në prill 1992.
Turmat mbajnë flamuj jugosllavë dhe ngrenë shenja paqeje.

Fotot vijuese tregojnë marshuesit duke u mbledhë kruspull tek shikojnë kah një hotel i lartë.
"Snajperat", thotë ai. "Qëlluan mbi turmën nga lart".
Shumë nga njerëzit kruspull janë duke pi duhan.
Është një foto trupi të mbuluar në çarçaf.
"Gjithmonë u them njerëzve", thotë ai, "njerëzit e vrarë nga ky snajper ishin boshnjakë, kroatë e ortodoksë".

Një tjetër foto tregon një të ri me beretë duke qëllu drejt hotelit.
"Po ia kthen zjarrin", thotë Mustafa.
"Ok", i them.
Vazhdojmë ndërsa cicërima e zogut kumbon nëpër sallë.

Është një foto ushtari duke shkelmu kufomën e një plake në Bijelina.
Burra kockë e lëkurë të burgosur në kampe përqendrimi.
Gra dhe pleq që qajnë kur ndiejnë lajmin se trupat e OKB-së kishin braktisë Srebrenicën.
Asnjëri prej nesh nuk flet.
Zogjtë vazhdojnë me cicëru.

Kalojmë pranë një makine të madhe pikuese.
Duket si farë krijese futuriste që është zbarku këtu.
Përgjatë një muri tjetër, disa nga mbishkrimet e trupave holandeze janë montu në pankarta të mëdha.
"Bythën e kam si vendasit: njësoj i vjen era"
"OKB: Organizata Kundër Bashkimit"
"Të kam shok të ngushtë dhe të vras pa pare: Bosnje '94"
"S'ka turistë, pra s'ka pare- s'ka biznes, pra s'ka ekonomi- s'ka paqe, pra s'ka të ardhme".

We move to the glass cases.
Inside each are items found in mass graves.
They are placed beside a picture of their owner and a short biography.
There are identity cards.
Combs.
Wallets.
Needles.
Watches.
Penknives.
Wrist bands.
Toothbrushes.
Wedding rings.

The birdsong continues.

A television plays interviews with the victims' families.
A daughter cries as she says she dreams about her father.
"Not every night," she says, "I wish I dreamed about him every night."
A woman describes her son being wrenched from her arms.
"I begged them to let me keep him," she says. "I told them he was born in 1984."

An elderly woman weeps as she recalls her last conversation with her husband.
"He told me not to worry," she says, "and he said we should not be afraid. But he was shaking. He put his hand on my shoulder as he whispered these words into my ear. I can still feel his shaking hand. I will feel it for the rest of my life."

A man recounts being led to an execution site.
Lining up beside a ditch with a hundred other men.
Hearing the gunfire.
Falling among the corpses.
Alive, somehow.
The soldiers then calling, "Is anyone still alive?"
Wounded men shouting back, "Yes, I'm over here. Please kill me."
The soldiers methodically shooting them in the head.

Kalojmë te kutitë prej xhami.
Brenda secilës ka sende të gjetura në varreza masive.
Janë vendosë pranë fotos së pronarit me një biografi të shkurtë.
Ka letërnjoftime.
Krehëra.
Kuleta.
Gjilpëra.
Orë.
Brisqe xhepi.
Shirita kyçesh.
Furça dhëmbësh.
Unaza martese.

Kënga e zogjve vazhdon.

Një ekran shfaq intervista me familjarë të viktimave.
Një bijë qan ndërsa thotë se ëndërron babanë.
"Jo çdo natë", thotë ajo, "do doja ta ëndërroja çdo natë".

Një grua përshkruan si ia shkëpusin të birin nga krahët.
"U përgjërova të ma linin me mbajtë", thotë. "U thashë se ai kish lindë më 1984".

Një grua në moshë qan ndërsa kujton bisedën e fundit me të shoqin.
"Më tha të mos shqetësohem", thotë ajo, "dhe se nuk duhemi me pasë frikë. Por vetë dridhej. Ma vuri dorën mbi krahë ndërsa m'i pëshpëriti këto fjalë në vesh. Ende mund t'ia ndjej dorën që i dridhej. Do ta ndjej gjithë jetën".

Një burrë tregon si e çuan në vendin e ekzekutimit.
Si e rreshtuan pranë një hendeku me njëqind të tjerë.
Si i ndiu të shtënat.
Si ra mes kufomave.
Gjallë, disi.
Se si ushtarët më pas thirrnin, "A është ende kush gjallë?"
Se si burra të plagosur ua kthenin, "Po, jam unë këtu. Të lutem më vrit".
Si ushtarët metodikisht i qëllonin në krye.

How he then waited amongst the dead.
Frozen.
Listening as the soldier's trucks pulled away.

Mustafa is standing looking at the large dormant machine.
He looks tired.
I feel drained.
I remove the headphones.
Devastated faces flicker across the screen.

I walk towards Mustafa.
He is now gazing up at a giant poster.
The Dutch soldier's slogan,
"No teeth...?
A moustache...?
Smells like Shit...?
Bosnian Girl!"
has been superimposed over an image of a beautiful, fierce-looking young Bosnian woman.

"I like this," Mustafa says.
"Yes," I say, "so do I."
We stand in silence.
The cool air is blissful.
The birds chirp again.
"You hear this?" he asks.
"Yes," I say, "it's a nice effect."
"No," he says, "it is real. These are real birds."
I look up.
I can't see any birds.

"They come in here to cool down," he says.
We listen as the bird's chirp.
Mustafa exhales;
"We are lucky they are songbirds."
We walk outside into the heat.
"We will now smoke again in the shade," Mustafa says.

Si mandej priti mes të vdekurve.
Pa pipëti.
Duke dëgju ndërsa kamionat e ushtarëve largoheshin.

Mustafa rri në këmbë duke e shiku makinën e madhe të fjetur.
Duket i lodhur.
Unë ndihem i dërrmuar.
I heq kufjet.
Fytyrat e rraskapitura regëtijnë nëpër ekran.

Eci drejt Mustafës.
Ai tash po kqyr lart drejt një posteri gjigant.
Slogani i ushtarit holandez,
"Pa dhëmbë...?
Me mustaqe...?
I vjen era mut...?
Vajzë boshnjake!"
është mbivendosë mbi një imazh të një femre të re boshnjake të bukur,
me dukje të vrazhdë.

"Më pëlqen kjo", thotë Mustafa.
"Po", them, "edhe mua".
Rrimë të heshtur të dy.
Ajri i freskët është i bekuar.
Zogjtë cicërojnë përsëri.
"A po i ndien?", më pyet.
"Po", i them, "është efekt i mirë".
"Jo", thotë, "janë prej vërteti. Janë zogj të vërtetë".
Shikoj lart.
Nuk mundem me pa asnjë zog.

"Hyjnë këtu me u fresku", thotë.
Dëgjojmë ndërsa cicërojnë zogjtë.
Mustafa nxjerr frymë;
"Jemi me fat që janë zogj këngëtarë..."

“Take this and kill yourself...”

“Merre këtë dhe vrite veten...”

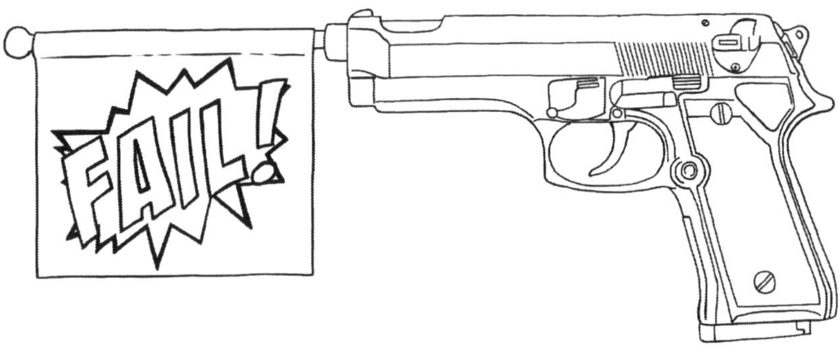

"Ok," I say.
We walk and stand beneath a tree.

He leans against the tree and points towards the graveyard.
"Next we will go to the graveyard," he says, "and after we can drive back to Sarajevo."
I look at the path leading across a field towards the road.
There is no shade.
"Ok," I say.

I feel drained by what I've seen; I want to tell Mustafa that I…
I don't know.
Mustafa doesn't want sympathy. I don't think anyone involved does.
I doubt any of them care what people like me have to say about this either.
What use is my empathy?

"It's been very interesting," I say.
"Yes," he nods.
"It's a very powerful place," I say. "Really powerful. Much more powerful than everything I've read or seen before about what happened here"
He nods slowly.
"Yes," he says. "I can remember it all."
I think he's had enough of talking to me about this now.
We stare across at the graveyard and smoke.

"Do you know," he says, "when Mladic took over command of the Serbian forces attacking Sarajevo, what he did?"
"No," I say.
"He went to the Serb general he replaced and gave him a pistol," he takes a drag from his cigarette.
"'Here,' Mladic said, 'take this and kill yourself. You failed to take Sarajevo. You have brought shame upon the Serbs'."
Mustafa laughs.
"And then what did Mladic do when *he* failed to take Sarajevo?" he

Dalim jashtë në vapë.
"Tash do të tymosim prapë në hije", thotë Mustafa.
"Ok", i them.
Ecim dhe ndalemi poshtë një peme.

Ai mbështetet për trungu dhe bën me gisht drejt varrezave.
"Mandej shkojmë te varrezat", thotë, "e më vonë mund të kthehemi në Sarajevë".
Shikoj shtegun që çon nëpër një fushë drejt rrugës.
Kurrkund hije nuk gjendet.
"Ok", them.

Ndihem i dërrmuar nga ç'kam pa; dua t'i them Mustafës se unë...
Nuk e di.
Mustafa nuk do keqardhje. Besoj, askush i përfshirë nuk do.
S'ma merr mendja as se ndonjërit prej tyre i intereson ç'thonë njerëz si unë për këtë.
Ç'dobi ka bashkëndjenja ime për ta?

"Ishte shumë interesante", i them.
"Po", tund kryet ai.
"Është vend shumë i fuqishëm", them, "vërtet i fuqishëm. Shumë më i fuqishëm se krejt ç'kam lexu ose pa më parë për çka ka ndodhë këtu".
Ai tund kryet ngadalë.
"Po", thotë, "më kujtohen të gjitha".
Më duket se ai tash është lodhë duke më folë për këtë.
I vështrojmë varrezat dhe pimë duhan.

"A e di", thotë ai, "kur Mladić e mori komandën e forcave sërbe që sulmonin Sarajevën, çka bëri?"
"Jo", i them.
"Shkoi te gjenerali sërb që e zëvendësoi dhe ia dha një pistoletë", thith një tym nga cigarja.
"Qe", tha Mladić, "merre këtë dhe vrite veten. Nuk ia dole me marrë Sarajevën. I ke koritë sërbët".

asks.
"I don't know," I say.
"He fled," he says. "He ran away."
"Right," I say.
We stand again in silence.

"Didn't Mladic's daughter commit suicide?" I ask.
I know she did.
"Yes," says Mustafa.
He sighs.
"I cannot say I am happy about this," he says. "I think that girl suffered much."
A truck carrying scrap metal passes by the graveyard.

It feels like the day is slipping away.
I want to say something to him about...I'm not sure.
War?
Peace?
Hatred?
Love?
Him?
"Does your older boy go to a mixed school?" I ask.
"Of course," he says, "Muslims, Catholics, Orthodox."
"That's good," I say.
"Yes," he says, "it is. It is how we will stop this from becoming again. To live together and to allow each other to be different."
He takes a long drag from his cigarette.
"There is no point," he says, "in hating."

A farmer herds cows down the road.
There is a sound of bells.

"It's amazing to hear you talk about all this," I say.
"Not just the war; the way you talk about tolerance and all that."
He shrugs.
"I don't think I could be as philosophical as you" I say.

Mustafa qesh.
"Mandej çka bëri Mladić kur *vetë* nuk ia doli me marrë Sarajevën?", më pyet.
"Nuk e di", i them.
"Iku", më thotë. "U largu".
"Qartë", i them.
Rrimë të heshtur të dy.

"A nuk bëri vetëvrasje vajza e Mladić-it?" e pyes.
E di që po.
"Po", thotë Mustafa.
Psherëtin.
"Nuk mund të them se jam i lumtur për këtë", thotë. "Mendoj se ajo vajzë ka vujtë shumë".
Një kamion që transporton hekurishte kalon pranë varrezave.

Hetohet se dita po ik.
Dua t'i them diçka për... Nuk jam i sigurt.
Luftën?
Paqen?
Urrejtjen?
Dashurinë?
Për të?
"A të shkon djali i madh në shkollë të përzier?", e pyes.
"Kuptohet", thotë, "muslimanë, katolikë, ortodoksë".
"Sa mirë", them unë.
"Po", thotë ai, "mirë është. Kështu e ndalojmë mos me ndodhë prapë. Me jetu bashkë dhe me leju njëri-tjetrin me qenë të ndryshëm".
Ai thith një tym të gjatë prej cigares.
"S'ka kurrgjë", thotë , "nga të urryerit".

Një bari grumbullon lopët poshtë rrugës.
Ka rrapëllimë cingaresh.

"Po më mahnit me çka po thua për gjithë këtë", i them.

He clearly doesn't like this kind of talk.
He turns away and looks across at the graveyard.
He sighs, "I don't think I have choice."
I look to the left towards the car park by the entrance to the camp.
A school bus is pulling away.

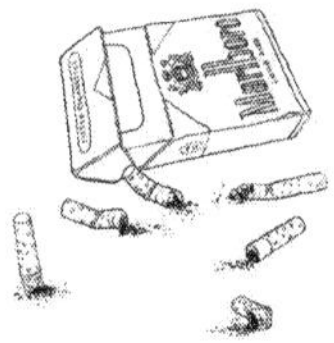

"Ok," says Mustafa. "Let's go to the graveyard."

"Jo veç për luftën; por me mënyrën si po flet për tolerancën dhe gjithë këto".
Ai rrudh supet.
"Nuk mendoj se mund të jem aq filozofik sa ti", i them.
Është e dukshme se nuk i pëlqejnë këto lloj bisedash.
Kthehet dhe shikon varrezat.
Psherëtin, "Nuk besoj se kam zgjidhje".
Shikoj majtas drejt parkingut të veturave në hyrje të kampit.
Një autobus shkolle po largohet.

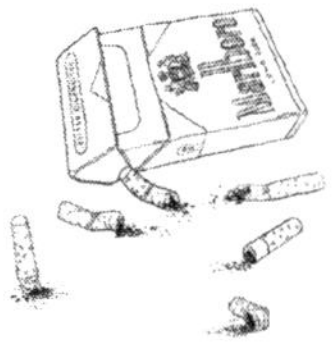

"Ok", thotë Mustafa, "të shkojmë në varreza".

“Diabolical vultures of some sort”

“Dofarë shkabash djallëzore”

We walk across the open field towards the graveyard.
Immediately heat becomes the only thing I can think about.
Mustafa is sweating profusely.
The grass seems iridescent.

What looked like a short walk has become an epic journey.
I look to my right.
There is a large half-built building.
I look again and I think I see figures walking across the metal roof.
Heat shimmers around them.
They are naked and they are laughing.
I think I'm going insane.
Mustafa is ploughing forward, head down.

I look back at the building.
The figures are still standing on the roof.
Now they are holding long metal rods.
Workmen, I tell myself, that's all.
No. They are heat demons, I think.
Diabolical vultures of some sort.
They wait for us to falter.
Then they will strike.

We reach the main road.
Mustafa turns to me.
He is beetroot-red.
"I will now walk to the car," he says. "Then I will drive it to the graveyard. This will save us walking back to the car together in this heat."
"Ok," I say.
I look back; the heat demons are gone.

"When I return with the car," Mustafa says, "I will fill up our water bottles inside the graveyard."
"Ok," I say.

Ecim fushës së hapur drejt varreve.
Menjëherë, vapa bëhet e vetmja gjë që mund ta mendoj.
Mustafa po djersitet së tepërmi.
Bari duket sikur ndërron ngjyrë.

Ajo që dukej si shëtitje e shkurtë është kthy në rrugëtim epik.
Shikoj djathtas.
Është një ndërtesë e madhe gjysmë e ndërtuar.
Shikoj prapë dhe më duket se shoh figura që ecin mbi çatinë metalike.
Vapa u shkëlqen përreth.
Janë të zhveshur dhe po qeshin.
Më duket se po luaj mendsh.
Mustafa po çan përpara, me krye teposhtë.

E shikoj prapë ndërtesën.
Figurat janë ende mbi çati.
Tani po mbajnë shufra të gjata metalike.
Punëtorë, i them vetes, kaq.
Jo. Janë demonë të vapës, mendoj.
Dofarë shkabash djallëzore.
Presin që ne të lëkundemi.
Mandej do të godasin.

Arrijmë në rrugën kryesore.
Mustafa kthehet kah unë.
Është i kuq all.
"Tash do të eci drejt veturës", thotë. "Mandej e afroj te varrezat. Kjo na shpëton që të mos kthehemi bashkë deri te vetura në këtë vapë".
"Ok", i them.
Kthej kryet; demonët e vapës janë zhdukë.

"Kur të kthehem me veturë", thotë Mustafa, "do t'i mbush shishet me ujë brenda varrezave".
"Ok", i them.

"I will show you now where the graveyard is. Then I will get the car," he says.
The graveyard is in front of us across the road.
"It's ok," I say, "I can see it."
"I must show you," he says.

We wait as a tractor pulling a cartload of wood passes.
Then we walk across the road.
"Here it is," he says.
"Thanks," I say.
"Ok," he says, "you can go in and I will get the car."
"Ok," I say.

Mustafa goes to cross the road again.
Then he stops and turns.
"There is a German buried here," he says.
"A German?" I say.
"Yes," he says, pointing towards a small hill. "He is up there. You will see he has a different shaped gravestone."
"Ok," I say.
Mustafa walks away back towards the car park.

I turn to face the graveyard.
The thousands of white pillars stretch out before me.

“Tash të tregoj se ku janë varrezat. Mandej do ta marr veturën”, thotë.
Varrezat ndodhen para nesh matanë rrugës.
“Pa problem”, i them, “po i shoh”.
“Më duhet me të tregu”, më thotë.

Presim ndërsa kalon një traktor që tërheq një rimorkio me dru.
Mandej ecim rrugës.
“Qe ku janë”, thotë.
“Falemnderit”, i them.
“Ok”, thotë, “mundesh me hy, e unë po e afroj veturën”.
“Ok”, i them.

Mustafa kthehet me kalu prapë rrugën.
Mandej ndalet e kthehet.
“Një gjerman është i varrosur këtu”, thotë.
“Gjerman?”, i them.
“Po”, thotë, duke tregu drejt një kodrine, “është atje lart. Do të shohësh se gurin e varrit e ka ndryshe në formë”.
“Ok”, i them.
Mustafa largohet prapë drejt parkingut.

Kthehem kah varrezat.
Mijëra shtylla të bardha shtrihen përpara.

"How little I'd done..."

Sa pak kam bë..."

Overhead, a bird soars.
Sheep shuffle around the field behind the graveyard.
A cow-bell rings from the hills beyond.
The pointed pillars stretch off into the distance.

I decide to take a picture.
I hold the phone up to take in as many gravestones as possible.
The picture doesn't capture the scale.
I stretch my arm upwards, standing on a kerbstone.
Again, the picture looks trivial.
I decide to walk through the graveyard recording.

I walk past rows and rows of pillars.
As I pass, each row emerges from the mass momentarily and its order is revealed.
Row after row march past me in formation.
On both sides.
Row after row after row.

Each pillar has a different name.
A different date of birth.
Men.
Women.
Old.
Young.
Babies.
But on every pillar
for every man
for every woman
for every child
the year of death is the same.
'1995.'

Sipër, një zog fluturon.
Delet përzihen nëpër fushë mbrapa varrezave.
Një cingare lopësh bie nga kodrat përtej.
Shtyllat me majë shtrihen në horizont.

Vendos të bëj një foto.
Çoj telefonin që të marr sa më shumë varre.
Fotografia nuk e kap përmasën.
Zgjat krahun, duke u ngritë mbi një bordurë.
Përsëri, fotografia duket e rëndomtë.
Vendos me ecë nëpër varreza duke incizu.

Kaloj njërën pas tjetrës radhët e shtyllave.
Ndërsa kaloj, secila radhë del nga masa për një çast dhe zbulohet vargu i saj.
Radhët marshojnë skaj meje njëra pas tjetrës në formacion.
Nga të dyja anët.
Radhë, radhë, radhë.

Çdo shtyllë ka një tjetër emër.
Një tjetër datë lindjeje.
Burra.
Gra.
Pleq.
Të rinj.
Bebe.
Por në çdo shtyllë
për çdo burrë
për çdo grua
për çdo fëmijë
viti i vdekjes është i njëjti.
"1995".

Hašim Begović	1959-1995
Meho Ahmetović	1918-1995
Muška Hrustić	1916-1995
Elvir Đozić	1974-1995
Ramiz Osmanović	1949-1995
Sadem Mašić	1976-1995
Karo Mehmedović	1925-1995
Halim Bećirović	1974-1995
Fatima Muhic	1995-1995

And on every pillar
for every man
for every woman
for every child
the place of death is the same.
'Srebrenica.'

As I walk along reading the inscriptions, I find the grave of Senad Hasanovic.
'1977-1995.'
'Srebrenica.'
He was my age.
Once.

I was 17 in July 1995.
I'd finished school and was waiting for my exam results.
Hoping to go to university in September.
I spent that July swimming in the local canal.
Playing football.
Working in a supermarket.
Drinking cheap cider with my friends.
Dreaming about leaving home.
About wild nights.
About freedom.
About the future.

Hašim Begović	1959-1995
Meho Ahmetović	1918-1995
Muška Hrustić	1916-1995
Elvir Đozić	1974-1995
Ramiz Osmanović	1949-1995
Sadem Mašić	1976-1995
Karo Mehmedović	1925-1995
Halim Bećirović	1974-1995
Fatima Muhić	1995-1995

Dhe në çdo shtyllë
për çdo burrë
për çdo grua
për çdo fëmijë
vendi i vdekjes është i njëjti.
"Srebrenica".

Teksa eci duke lexu mbishkrimet, gjej varrin e Senad Hasanović-it.
"1977-1995".
"Srebrenica".
Ishte motës me mua.
Dikur.

Unë isha 17 vjeç në korrik 1995.
Kisha mbaru shkollën dhe prisja rezultatet e provimit.
Shpresoja me shku në universitet në shtator.
E kalova atë korrik duke notu në një kanal lokal.
Duke lujtë futboll.
Duke punu në supermarket.
Duke pi musht të lirë me shokë.
Duke ëndërru për t'u largu nga shpia.
Për net të egra.
Për lirinë.
Për të ardhmen.

And for me the future came.

And with that came my wife.
And our three children.
Our babies
our toddlers
our kids
our teenagers.

Their birthdays, their first teeth, their tantrums, their fears, their hugs, their toys, their first words, their dancing, their first day of school, their first swim, their colds and broken bones, their first bike-ride, their first boyfriends and girlfriends, their many mistakes and ours too.

1995-2019.

I think about how little I'd done by 1995.
And how,
somehow,
I came to be here.
In Srebrenica.
Where Senad's body lies and where his future was killed in 1995.

Dhe për mua e ardhmja erdhi.

Dhe me të më erdhi gruaja.
Dhe tre fëmijët tanë.
Bebushat tanë
çilimijtë tanë
fëmijët tanë
adoleshentët tanë.

Ditëlindjet e tyre, dhëmbët e parë, zemërimet, frikat, përqafimet, lodrat, fjalët e para, kërcimet, dita e parë në shkollë, noti i tyre i parë, ftohja dhe eshtrat e thyera, ngarja e parë me biçikletë, të dashurit dhe të dashurat e para, si dhe gabimet e shumta të tyret dhe tonat.

1995-2019.

Mendoj sa pak kisha pasë bë deri në vitin 1995.
Dhe si,
disi,
u bë që u gjeta këtu.
Në Srebrenicë.
Ku shtrihet trupi i Senadit dhe ku e ardhmja iu vra më 1995.

"Waiting to be freed..."

"Në pritje të lirimit..."

I walk on.
The graveyard is even bigger than I thought.
Cars drive by in the distance and sheep bleat.
The trees provide some shade.

I walk past a long circular wall inscribed with the names of all the victims.
There is space for more.
To the right is a row of small bright green wooden markers.
They await their own pillars.
There is space for more.

Each year new bodies are exhumed from mass graves and buried here.
All around more wait to be found.
To be identified.
To be buried.

I think about the mothers,
fathers,
sons,
daughters,
waiting to be freed from the soil
and claimed
and mourned
by mothers,
fathers,
sons,
daughters.

All around,
there are thousands,
both living and dead:
trapped.

Vazhdoj me ecë.
Varrezat janë edhe më të mëdha sesa mendoja.
Në largësi kalojnë vetura dhe blegërojnë dele.
Pemët ofrojnë pak hije.

Kaloj pranë një muri të gjatë rrethor me emrat e gdhendur të të gjitha viktimave.
Ka vend për më shumë.
Në të djathtë është një rresht me markerë të gjelbre të ndezur bë prej druri.
Presin shtyllat e veta.
Ka vend për më shumë.

Çdo vit zhvarrosen trupa të rinj nga varret masive dhe varrosen këtu.
Gjithandej më shumë presin me u gjetë.
Me u identifiku.
Me u varrosë.

Mendoj për nënat,
baballarët,
djemtë,
vajzat,
që presin të çlirohen nga dheu
dhe të njihen
e të vajtohen
nga nëna,
baballarë,
djem,
vajza.

Gjithandej,
janë me mijëra,
të gjallë e të vdekur:
të bllokuar.

Those buried by their killers.
Heaped into holes and hastily smothered by earth.
An incriminating inconvenience.
Trapped.

Those who have no graves to mark their loved ones.
No place at which to stand and weep.
Who wait each day for news as they have done for twenty four years.
For a DNA match.
Trapped.

I walk to the monument in the centre.
It reads,
'We pray to Almighty God,
May grievance become
hope!
May revenge become
justice!
May mothers' tears
become prayers
That Srebrenica
Never happens again
To no one and
nowhere!'
I stand.
The sun beats down in harmony with the silence.

Ata të varrosurit nga vrasësit e tyre.
Të grumbulluar në vrima dhe vrikshëm të ngulfatur nga toka.
Një shqetësim fajësues.
Të bllokuar.

Ata që s'kanë varre për t'i shënu të dashurit.
S'kanë ku të rrinë e të vajtojnë.
Që presin çdo ditë siç kanë pritë njëzet e katër vjet për lajme.
Për një përputhje të ADN-së.
Të bllokuar.

Eci drejt monumentit në qendër.
Aty shkruhet,
"I lutemi të Plotfuqishmit Zot,
Hidhërimi u bëftë
shpresë!
Hakmarrja u bëftë
drejtësi!
Lotët e nënave
u bëfshin lutje
që Srebrenica
të mos i ndodhë më kurrë
askujt dhe
askund"!
Çohem.
Dielli nxen në harmoni me heshtjen.

"The wisdom to know the difference..."

"Mençuria për ta ditë dallimin..."

I walk towards the small hill Mustafa pointed to.
It is dotted with more white pillars.
The path winds up and around.
I search, but I can’t find the German’s grave.

As I walk, I see Mustafa pulling into the car park.
I watch him get out and light a cigarette.
He takes out his phone and makes a call.

At the top of the hill, I see the full scale of the cemetery.
A mass of white.
Beyond, the beautiful hills glisten.
Two bright green lizards dart past my feet as I stand amidst the silence.

I take more pictures.
I try different angles.
I can’t seem to take anything worth keeping.

I sit on a small wooden bench under a large tree.
And watch.
There is no-one here.
The trees sway gently.
The animals meander.
The pillars stand.

This is not a place that that you should drive past.
But some people do.
This is not somewhere to forget.
But some people do.
And this is not a place to smile,
and nod,
and lie.
But some people do.

Eci drejt kodrinës që ma tregoi Mustafa.
Është përplot me të tjera shtylla të bardha.
Shtegu përdridhet përpjetë dhe përreth.
Kërkoj, por nuk e gjej varrin e gjermanit.

Ndërsa eci, shoh Mustafën duke parku në parkingun e veturave.
E shikoj tek del dhe ndez një cigare.
Nxjerr telefonin dhe bën një thirrje.

Në majë të kodrinës i shoh përmasat e plota të varrezave.
Një masë bardhësie.
Përtej, shndrisin kodrat e bukura.
Dy hardhuca të gjelbra më kalojnë te këmbët, ndërsa rri i heshtur.

Bëj të tjera foto.
Provoj kënde të ndryshme.
Nuk e shkrep dot asnjë që ia vlen me mbajtë.

Ulem në një bankë të vogël druri nën një pemë të madhe.
Dhe shikoj.
Këtu s'ka njeri.
Pemët tunden lehtë.
Kafshët zvarriten.
Shtyllat qëndrojnë.

Ky nuk është vend nga do të donit t'i binit me veturë.
Por disa njerëz i bien.
Ky nuk është vend që harrohet.
Por disa njerëz harrojnë.
Dhe ky nuk është vend me buzëqeshë,
a me tundë krye,
e me rrejtë.
Por disa njerëz i bëjnë edhe këto.

Again, I feel like I can hear a force somewhere laughing at me.
Sitting here.
In front of this.
"You know" it leers,
"that all that can be built can be destroyed;
that all that can be learned can be denied;
that all that can be loved can be killed.
Understand that you are nothing,
and that one day all this will be but dust."
I shake my head.
No, I say.
But I'm not convinced.

I should do something, I think.
Show respect somehow and in some way.
If I believed in God, this would be easier.

But I remember the only prayer I know that means anything to me.
So, I kneel.
And I say,
"God, grant me the serenity,
To accept the things I cannot change,
The courage to change the things I can,
And the wisdom to know the difference."

I sit back down.
Nothing happens.
The pillars stand.
Animals rummage.
The trees whisper in the wind.
The sun beats down.

Prapë, më bëhet sikur ndiej një forcë diku duke qeshë me mua.
Të ulur këtu.
Përballë kësaj,
"A di", më vështron,
"se gjithçka që mund të ndërtohet, mund të shkatërrohet;
se gjithçka që mund të mësohet, mund të mohohet;
se gjithçka që mund të dashurohet, mund të vritet.
Kupto që nuk je asgjë,
e se një ditë krejt kjo ka me qenë veç pluhur".
Unë tund kryet.
Jo, them.
Por s'jam i bindur.

Duhet të bëj diçka, mendoj.
Të tregoj respekt disi e në njëfarë mënyre.
Po të besoja në Zot, kjo do të ish më e lehtë.

Por më kujtohet lutja e vetme që di, e që ka njëfarë kuptimi për mua.
Prandaj, gjunjëzohem.
Dhe them,
"Zot, ma jep qetësinë,
T'i pranoj gjërat që nuk i ndryshoj dot,
Guximin që t'i ndryshoj gjërat që mundem,
Dhe urtinë për ta ditë dallimin".

Ulem prapë.
Asgjë s'ndodh.
Shtyllat qëndrojnë.
Kafshët zhbirojnë.
Pemët pëshpëritin në erë.
Dielli përflak.

"Can anyone hear this?"

"A po e ndien kush këtë?"

I must be thirsty.
I think I am.
I'm feeling dizzy, delirious.
My mind starts to crackle and distort.
I must walk back to Mustafa.

There is a sound
in the air
like something I've heard
but never out loud.

It strains and it pulses.
I hear it
in snatches
and echoes
and catch it in glimpses.

The sound rises and falls as I walk.
And the sun beats down.
The air sings out
and the tree's dance.

The ground seems to shake beneath my feet,
and the air sings louder
and all around is silence
and I don't think I can breathe,
so I inhale loudly
and still the sun beats down.

The graves stand as I pass,
too many to count,
too many names to read,
too many...
and I am not enough to read them.

The sound continues to ring all around.
Can anyone hear this? I ask.
I'm glad I can, and I think I want to hear this now,

Duhet të kem etje.
Mendoj se kam.
Ndihem i trullosur, delirant.
Mendja fillon të më kërcasë e të turbullohet.
Më duhet me u kthy te Mustafa.

Ndihet një zë
në ajër
si diçka që e kam ndi
por asnjëherë të naltë.

Tendoset e pulson.
E ndiej
në rrokje
e si jehonë
dhe e kap copa-copa.

Tingulli ngrihet dhe ulet ndërsa eci.
Dielli rrezon.
Ajri këndon
dhe pemët vallëzojnë.

Toka duket se më dridhet nën këmbë,
dhe ajri këndon më fort
dhe krejt përreth ka heshtje
e më duket se s'marr dot frymë,
prandaj thith ajrin zëshëm
ndërsa dielli ende rrezon.

Varret qëndrojnë ndërsa kaloj,
tepër shumë për t'i numëru,
tepër shumë emra për t'i lexu,
tepër shumë...
dhe unë s'mjaftoj për t'i lexu.

Tingulli vazhdon me kumbu përreth.
"A po e ndien kush këtë?", pyes.
Jam i lumtur që mundem, dhe më duket se dua ta ndiej këtë tani,

and forever,
and ever,
and never forget.
And only remember,
the sound,
whatever it is,
and wherever it comes from
and whoever it's calling to.
And I know it's not calling just to me.

And I feel something, like a touch or a force passing.

I think of all that lies buried-
still,
and silent
waiting,
judging,
watching us as we stand here-
and I think I've brushed against it as I've passed.

And I think all this should be told to all those who do not know.
But I think it won't be, though many will try.
And when it's not
what will be the toll?

I think of all those here rising up-
taking form
walking out
and onwards
maybe in another world
to do battle and tell their story-
and brushing against me as they pass.

And I know these touches are not real,
and can't be felt,
but maybe,
someday,
they will be.

dhe gjithmonë,
e përgjithmonë,
e mos me harru kurrë.
Dhe vetëm me mbajtë mend,
tingullin,
çkado qoftë,
dhe kahdo që vjen
e kujtdo që i thërret.
Dhe e di që nuk më thërret veç mua.

Dhe ndjej diçka, si prekje a forcë që kalon.

Mendoj për gjithçka që ndodhet e varrosur
ende,
dhe e heshtur
duke pritë,
vlerësu,
duke na pa teksa rrimë këtu-
dhe më duket se e cika kur kalova.

E se të gjitha këto u duhen tregu të gjithë atyre që nuk i dinë.
Por mendoj se nuk do të tregohen, ani se shumë do të përpiqen.
Dhe kur nuk tregohen
sa do të jetë kostoja?

I mendoj gjithë të këtushmit tek çohen-
marrin formë
dalin
e vazhdojnë
ndoshta në një tjetër botë
të bëjnë betejë e të tregojnë historinë e vet-
dhe të më cikin mua ndërsa kalojnë.

Dhe e di që këto prekje nuk janë të vërteta,
e nuk mund të ndihen,
por ndoshta,
një ditë,
do të jenë.

“I should have bought something else...”

“Të kisha ble diçka tjetër...”

I walk back out through the entrance to the graveyard.
Mustafa's car is parked beneath a tree.
But he is gone.

There is a small souvenir shop on the other side of the road.
I cross and enter.
A plump old lady is seated behind the counter.
"Dobrodošli," she says without smiling.
"Hello," I say.
"Hello," she answers.

It's tiny inside.
But it's packed with books,
and hats and shawls and pottery.
Framed pictures and coffee pots.

"Do you have any books in English?" I ask.
"Yes," she says.
She rises from her seat and points towards a shelf.
There is a book about how Albanians protected Jews in the Second World War.
Another is written by one of the 'Mothers of Srebrenica'.
I open it.
It's badly printed and poorly translated.
The other book is about Islamic verse.

I have to buy something.
It's just me here.
The woman watches my every move.
"The Flowers of Srebrenica?" I ask, "Do you sell them?"
She nods and turns.
She passes me a basket.

It's filled with the small flowers crocheted by mothers of the victims.
A green centre surrounded by eleven white petals.

Marr me u kthy drejt hyrjes së varrezave.
Vetura e Mustafës është e parkuar nën një pemë.
Por ai është zhdukë.

Ka një dyqan të vogël suveniresh në tjetrën anë të rrugës.
Kaloj rrugën dhe hyj.
Një plakë e shëndoshë është ulë pas banakut.
"Dobrodošli", më thotë pa buzëqeshë.
"Hello", i them.
"Hello", përgjigjet.

Është ngushtë brenda.
Por është ding me libra,
dhe kapela, shalle e qeramikë.
Foto të kornizuara e filxhana kafeje.

"A keni libra në anglisht?", e pyes.
"Po", thotë.
Çohet nga vendi dhe ma tregon një raft.
Është një libër se si shqiptarët i mbronin hebrenjtë gjatë Luftës së Dytë Botërore.
Një tjetër është shkru prej njërës nga "Nënat e Srebrenicës".
E hap.
Është shtypë keq dhe përkthy dobët.
Libri tjetër është për ajetet e islamit.

Më duhet të blej diçka.
Jam veç unë këtu.
Gruaja ma shikon çdo lëvizje.
"Lulet e Srebrenicës?", e pyes. "A i shet ato?"
Ajo tund krye dhe kthehet.
Ma jep një shportë.

Është plot lule të vockla punu me grep nga nënat e viktimave.
Një qendër e gjelbër rrethu nga njëmbëdhjetë petale të bardha.

A printed card cello-taped to the basket explains the flower's symbolism.
The green represents the cloth-draped coffins used when interring the bodies.
The white, the colour of the mourning clothes.
Eleven represents the date.
11 July 1995.

I buy four.
For my wife and three daughters.
I buy a fridge magnet too with the flower symbol.
"Don't Forget Srebrenica" it reads.
The woman places them all in a little pink-striped paper bag.
She writes "25" on a piece of paper and shows it to me.
I pay her.
"Hvala," I say.
She looks surprised.
"Hvala," she says.
I leave the shop.
The heat assails me again.
A boy cycles past grinning.

I look back at the little shop.
"Did I buy a fridge magnet in Srebrenica?" I think.
I should have bought something else.
But I think they will like the flowers.

Një kartolinë e printuar, ngjitë me shirit në shportë, shpjegon simbolikën e lules.
E gjelbra përfaqëson arkivolet e mbështjella me pëlhurë të përdorur kur lëshohen trupat.
E bardha, ngjyra e rrobave të zisë.
Njëmbëdhjetëshi përfaqëson datën.
11 korrik 1995.

I blej katër.
Për gruan dhe tri vajzat.
Blej edhe një magnet frigoriferi me simbolin e luleve.
"Mos e harroni Srebrenicën", i shkruan.
Gruaja i vë të gjitha në qese letre me vija rozë.
Shkruan '25' në një copë letër dhe ma tregon.
Ia paguaj.
"Hvala", i them.
Duket e habitur.
"Hvala", më thotë.
Dal nga dyqani.
Vapa më sulmon prapë.
Një djalë kalon duke buzëqeshë.

E shikoj prapë dyqanin e vogël.
"A bleva magnet frigoriferi në Srebrenicë?", mendoj.
Të kisha ble diçka tjetër.
Por mendoj se do t'u pëlqejnë lulet.

"I think it's definitely copper..."

"Mendoj se është pa dyshim bakri..."

I walk across the road and stand by Mustafa's car.
The shade of the tree is a relief but even here I will quickly succumb.
I must find him.

I walk back towards the graveyard.
As I enter, I see him ahead.
He is walking with his back to me carrying two empty water bottles.
I walk towards him.

I get within ten feet of him.
I expect him to turn.
He doesn't.
When I'm about two feet away I think maybe I should cough.
Or drag my feet along the ground.
Alert him somehow but best not to scare him.
From behind.
In a graveyard.
He walks on, head bowed.

I'll have to say something.
"Hi"?
"Howdy"?
"Hello"?
"Mustafa"?
Pat him on the back?
No, that would maybe kill him.

Before I say anything, he raises his head suddenly and turns.
He looks at me with alarm, then relaxes.
"I didn't know you were there," he says.
"Sorry," I say. "I saw you walking, and I followed."
"Ok," he says.
"I went to the souvenir shop," I say.
He looks down at the small pink-striped paper bag.
"Ok," he says.
He holds up the water bottles.

Trupoj rrugën dhe ndalem te vetura e Mustafës.
Hija e pemës është lehtësim, por edhe këtu do të dorëzohem shpejt.
Duhet ta gjej atë.

Kthehem drejt varrezave.
Sapo hyj, e shoh përpara.
Po ecën me shpinë kah unë duke mbajtë dy shishe uji bosh.
Eci drejt tij.

I vij dhjetë metra afër.
Pres që të kthehet.
Nuk kthehet.
Kur jam as një metër larg, mendoj ndoshta duhet të kollitem.
Ose të zvarris këmbët nëpër tokë.
Ta paralajmëroj disi, por jo ta tremb.
Nga prapa.
Në varrezë.
Ai ecën me kryet ulë.

Më duhet t'i them diçka.
"Tung"?
"Ç'kemi"?
"Hello"?
"Mustafë"?
Ta prek në shpinë?
Jo, kjo ndoshta do ta vriste.

Para se të hap gojë, ai befas çon kryet dhe kthehet.
Më shikon i alarmuar, pastaj qetësohet.
"Nuk e dija që ishe aty", thotë.
"Më fal", i them, "të pashë duke ecë dhe të ndoqa".
"Ok", më thotë.
"Shkova në dyqanin e suvenireve", i them.
Ai ma shikon qesen e vogël letre me vija rozë.
"Ok", më thotë.
I ngre dy shishet e ujit.

"I will fill these," he says, "and we can drink."
"Ok," I say.

We walk to a wall.
There is a row of taps along the bottom.
Mustafa gives me a bottle.
"Thanks," I say.
He kneels down and begins filling his bottle.
"Use this tap only," he says, "I have already let it run for many minutes, so the water is cool."
"Ok," I say.
He fills his bottle and stands.
He takes a long drink.
Suddenly I'm parched.

I bend down and fill the bottle.
This is going to be the greatest drink of water I've ever had.
The bottle is filled.
I turn off the tap.

I drink.
The water tastes of copper.
Or rust.
Something iron.
"It is good?" smiles Mustafa.
"Yes," I lie.
I take another drink.
I think it's definitely copper.
That must be better than rust?

"Do you want more time here?" he asks.
"No," I say.
I don't want to say, 'I've seen enough'.
"I'm a bit exhausted by it all," I say. "I'm happy to go now."
"Ok," he says.

"Do t'i mbush këto", thotë, "dhe mund të pimë".
"Ok", i them.

Ne ecim drejt një muri.
Ka çeshme varg përgjatë pjesës së poshtme.
Mustafa ma jep një shishe.
"Falemnderit", i them.
Ulet në gjunj dhe fillon me mbushë shishen e vet.
"Përdore vetëm këtë rubinet", thotë, "E kam lënë hapë mjaft gjatë, prandaj uji është i freskët".
"Ok", i them.
Ai mbush shishen e vet dhe çohet.
Pi bollshëm prej saj.
Përnjëherë ndihem i tharë.

Kërrusem dhe mbush shishen.
Ky do të jetë më i miri ujë që kam pi ndonjëherë.
Shishja mbushet plot.
E mbyll rubinetin.

Pij ujë.
Ka shije bakri.
Ose ndryshku.
Diçka metalike.
"A është i mirë?", buzëqesh Mustafa.
"Po", e rrej.
Pij edhe një hurpë.
Mendoj se pa dyshim do të jetë bakër.
Duhet të jetë më mirë se ndryshk?

"Mos do të rrish ende këtu?", më pyet.
"Jo", i them.
Nuk dua t'i them, "Mjaft pashë".
"Më kanë rraskapitë pak gjithë këto", i them, "Me kënaqësi nisemi tash".
"Ok", më thotë.

We walk slowly back to the car.
I have developed an immunity to the copper taste.
Mustafa stops by the entrance.
"Did you find the German?" he asks.
"No," I say.
He looks sad, and a bit confused.
He gazes towards the hill where the German is buried.
"It's ok," I say, "I've seen enough."
He looks at me.
"Ok," he says, "we will go."

Kthehemi ngadalë te vetura.
Kam zhvillu imunitet ndaj shijes së bakrit.
Mustafa ndalet te hyrja.
"A e gjete gjermanin?", më pyet.
"Jo", i them.
Duket i trishtuar dhe disi i hutuar.
Shikon drejt kodrinës ku është varrosë gjermani.
"S'ka gjë", i them, "pashë mjaft".
Ai më shikon.
"Ok", thotë , "po shkojmë".

PART III:
TO SARAJEVO

PJESA III:
PËR NË SARAJEVË

“It was because of your t-shirt...”

“Për shkak të bluzës tënde...”

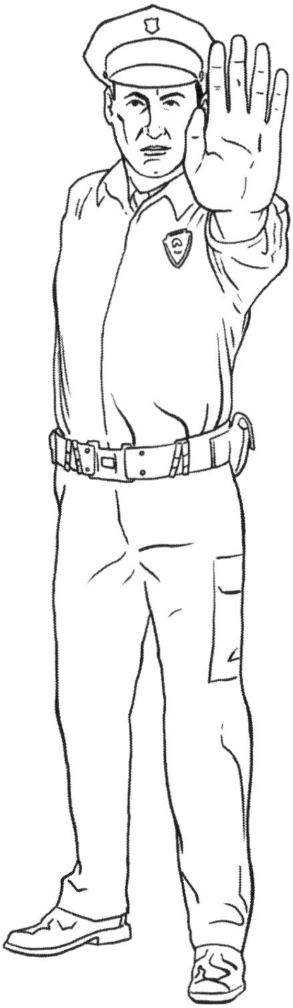

We set off.
We don't drive back through Srebrenica.
"This is quicker way," Mustafa says.
We pass a man cycling a child's bike as we drive into Bratunac.

Serbian flags fly proudly.
People mill about.
The shift to normality is too abrupt.
I'm feeling dazed.
Mustafa tells me a story about digging out wells in Sarajevo during the siege.
I find it hard to concentrate.

We come to a crossroad.
The sign pointing to the right is for Србија/Serbia.
The sign pointing left signals towards Сарајево/Sarajevo.
Serbia is less than three miles away.
Everyone here is a Serb.
For the next miles 90 miles towards 'Сарајево,' nearly everyone is a Serb.
How long can these people be told they must live in 'Bosnia and Herzegovina'?
Surely not forever.
What will that mean for Potočari?
For the graveyard?

We turn on a long bend and enter a town.
A policeman immediately steps into the road and flags us down.
Mustafa pulls to a stop.
Another hitchhiker I wonder.
The policeman goes to Mustafa's window.
They talk animatedly.
Then they both turn and stare at me.
The noisy chat resumes.
They shake hands.
Then we drive away.

Nisemi.
Nuk kthehemi nëpër Srebrenicë.
"Kjo është rrugë më e shpejtë", thotë Mustafa.
E kalojmë një burrë në biçikletë fëmijësh sapo hyjmë në Bratunac.

Flamujt sërbë valëviten me krenari.
Gumëzhijnë njerëz.
Kalimi në normalitetit është tepër i beftë.
Ndihem i trullosur.
Mustafa më tregon për gërmimin e puseve në Sarajevë gjatë rrethimit.
E kam të vështirë të përqendrohem.

Kemi ardhë në një udhëkryq.
Shenja që tregon djathtas është për Sërbi.
Shenja majtas sinjalizon drejt Sarajevës.
Sërbia është më pak se pesë kilometra larg.
Të gjithë këtu janë sërbë.
Për 145 kilometrat e ardhshëm drejt Sarajevës, gati të gjithë janë sërbë.
Sa kohë mund t'u thuhet këtyre njerëzve se duhet të jetojnë në 'Bosnjë e Hercegovinë'?
Me siguri jo përgjithmonë.
Çka do të thotë kjo për Potoçarin?
Për varrezat?

Marrim një kthesë të gjatë dhe hyjmë në një qytezë.
Një polic del menjëherë në rrugë dhe na bën shenjë ndalimi.
Mustafa ndalet.
Një tjetër autostop, mendoj.
Polici vjen te dritarja e Mustafës.
Flasin gjallërishëm.
Pastaj të dy kthehen dhe m'i ngulin sytë.
Biseda e zhurmshme rinis.
Shtrëngojnë duart.
Pastaj largohemi.

Mustafa turns to me.
"It was because of your t-shirt," he says.
"My t-shirt?" I ask.
"Yes," he says, "it is black. They could not see your seatbelt."

Mustafa kthehet kah unë.
"Për shkak të bluzës tënde", më thotë.
"Bluzës sime?" e pyes.
"Po", thotë, "është e zezë. Nuk ta shihnin dot rripin e sigurimit".

“Do you like wood?”

“A të pëlqen druri?”

We settle into the drive.
The monotony starts again.

Mustafa's phone rings.
The ring tone is a song.
"Do you know this song?" he asks.
"No," I say.
"It is very good," he says, "I love it."
It's hard to tell what type of music it is.
"This is a band in 1992. They were in Belgrade," he says, "they were against Milosevic."
He starts to sing the lyrics.
The phone rings on unanswered.
Then it stops.

He presses buttons on the phone.
A woman's voice answers.
They talk animatedly for a minute.
We pass by a long stretch of farmland.
He hangs up.

"My wife," he says, "I tell her next time to ring me, not to hang up. I love that song."
"Right," I say.
He's smiling.
A man cycles by, laden down with sticks strapped to his back.

Mustafa points at the phone.
"When I get home, my wife, she says she will not be there," he says, "and she has taken the children."
I wait.
He says no more.
"Taken the children?" I say.
"Yes," he says, "they have left for her parent's house."

Vihemi në udhë.
Rinis monotonia.

Mustafës i cingëron telefoni.
Zilja është një këngë.
"A e di këtë këngë?", më pyet.
"Jo", i them.
"Është shumë e mirë", thotë, "më pëlqen".
E vështirë me thënë çfarë lloj muzike është.
"Ky është një bend i vitit 1992. Ishin në Beograd", thotë, "ishin kundër Milošević-it".
Fillon t'ia këndojë fjalët.
Telefoni vazhdon bie pa përgjigje.
Pastaj ndalet.

Ai shtyp butonat në telefon.
Përgjigjet zëri i një gruaje.
Flasin shumë gjallërishëm nja një minutë.
Ne kalojmë skaj një pjese të gjatë toke bujqësore.
Ai e mbyll telefonin.

"Gruaja", më thotë, "i them herën tjetër të më telefonojë, të mos e mbyllë. Më pëlqen ajo këngë".
"Qartë", i them.
Ai po buzëqesh.
Një burrë kalon me biçikletë, ngarku me shkopinj të lidhur në shpinë.

Mustafa tregon telefonin.
"Kur të kthehem në shtëpi, gruaja thotë se nuk do të jetë aty", thotë, "dhe i ka marrë fëmijët".
Unë pres.
Ai nuk thotë tjetër.
"I ka marrë fëmijët?", i them.
"Po", thotë, "po niset te shtëpia e prindëve të vet".

Taken his children?
He looks ok.
But maybe he's just about to really lose it.

"Do you like wood?" he asks.
"Wood?" I ask.
"Yes," he says.
"Ah...yeah," I say.
"On floor?" he says, "wooden floors."
"Yes," I say, "I like wooden floors."
"In my house," he says, "we are having wooden floors. So, we cannot live there for some days."
"I see," I say, pleased.

Ia ka marrë fëmijët?
Ai duket në rregull.
Por ndoshta është gati me shpërthy.

“A të pëlqen druri?”, më pyet.
“Druri?”, e pyes.
“Po”, më thotë.
“Ah... po”, i them.
“Në dysheme?”, thotë ai, “dysheme druri”.
“Po”, i them, “më pëlqejnë dyshemetë prej druri”.
“Në shtëpinë time”, thotë, “kemi vu dysheme druri. Pra, nuk mund të jetojmë aty disa ditë”.
“E kuptoj”, them i kënaqur.

"For every shell that killed at least three people..."

"Për çdo predhë që ka vra të paktën tre veta..."

We are driving on a straighter, faster road.
This is a more efficient way to get to Sarajevo.
But the view isn't as nice.
I miss the countryside.
We talk less and less.

The blistering heat is easing.
There are more people outside now.
Occasionally Mustafa points at a church or a house.
Says somethings about its history or a friend of his.

We pass a sign.
10km to Sarajevo.
I'd like to talk with Mustafa more.
But I also want to be on my own.
And I want to tell people what I've seen.
What I felt.
But who cares?
I can't be the only person to have felt like this.
After seeing that.

I think I should say something to Mustafa before we part.
But what?
I'm sure he doesn't want to hear another foreigner saying something grandiose about *his* war.
I can give him a tip at least.
I fumble in my pocket and try to take money out of my wallet without him noticing.
I hold it in my hand.
It's something; my father would expect me to tip him.
We pass a huge old derelict building perched on a hill overlooking the city.
"This is abandoned Jajce barracks," Mustafa says. "It is shaped like an E because it was built for Eugen. And they make films there."
"Right," I say.
I've never heard of Eugen, but I don't ask.

Po vozitim rrugës më të drejtë e më shpejt.
Kjo është mënyrë më efikase me shku në Sarajevë.
Por pamja s'është aq e bukur.
Më mungon fshati.
Flasim pak e më pak.

Vapa zhuritëse po zbehet.
Tash ka më shumë njerëz jashtë.
Herë pas here Mustafa ma tregon ndonjë kishë ose shtëpi.
Thotë diçka për historinë e saj ose ndonjë mik të vetin.

E kalojmë një shenjë.
10 km deri në Sarajevë.
Do të doja me folë më shumë me Mustafën.
Por dua të jem vetëm.
Dhe dua t'u tregoj njerëzve ç'kam pa.
Ç'kam ndje.
Po kujt i intereson?
Nuk mund të jem i vetmi që jam ndje kështu.
Pasi pashë çka pashë.

Mendoj se duhet t'i them diçka Mustafës para se të ndahemi.
Por çka?
Jam i sigurt se ai nuk do me ndi një tjetër të huaj duke thënë diçka madhështore për luftën *e tij*.
Të paktën mund t'i jap bakshish.
Gërmoj nëpër xhep dhe përpiqem me nxjerrë pare nga portofoli pa më vënë re ai.
I mbaj në dorë.
Është bile diçka; babai do të priste që t'i lija bakshish.
E kalojmë një ndërtesë të madhe, të vjetër e të braktisur, ngritë në kodër me pamje nga qyteti.
"Kjo është kazerma e braktisur e Jajces", thotë Mustafa. "Ka formën si E sepse është ndërtuar për Eugenin. Dhe bëjnë filma aty".
"Qartë", i them.
Kurrë nuk kam ndi për Eugenin, por nuk pyes.

Soon we are in Sarajevo's winding streets again.
Mustafa points to a building ahead.
"This is the old market," he says. "It is where the worst missile attack happened," he says. "They fired mortars onto people here buying food. Almost 70 people were killed."
"My god," I say.
Mustafa swerves past a man pushing a cartload of scrap metal.

"Have you heard of the 'Rose of Sarajevo'?" he asks.
For some reason I think he's talking about a beauty contest held here during the siege.
"It was a beauty contest held here during the siege, right?" I say.
He looks at me with a frown.
"No," he says, "it is the name given to painted shell marks in the pavement. For every shell that killed at least three people they painted the mark red."

They only painted the shell marks that killed at least three people? Someone must have decided there'd be too many if they painted the ones that just killed one or two.

Mustafa stops the car by a café.
"I will leave you here," he says.
"Ok," I say.
I stare out the side window.
"This is the Catholic cathedral," he says, "your hotel is just behind this."
"Ok," I say.
"On the lane beside the cathedral," he says, "you will see a Rose of Sarajevo"
"Ok," I say.

We sit in silence.
He smiles and nods toward the door.
"Ok," he says, "I hope you enjoyed your tour."
"Yes," I say. "I did."

Së shpejti jemi prapë rrugëve gjarpëruese të Sarajevës.
Mustafa ma tregon një ndërtesë përpara.
"Ky është tregu i vjetër", thotë. "Është vendi ku ndodhi sulmi më i keq me raketa", thotë ai. "Hodhën mortaja mbi njerëzit këtu që blinin ushqim. Gati 70 veta u vranë".
"Zoti i madh", them unë.
Mustafa kalon pranë një burri që shtyn një karrocë me skrap.

"A ke ndi për 'Trëndafilin e Sarajevës'?", më pyet.
Nuk di pse mendoj që po flet për ndonjë konkurs bukurie të mbajtur këtu gjatë rrethimit.
"Ishte konkurs bukurie që u mbajt këtu gjatë rrethimit, apo jo?", i them.
Ai më shikon mrrolshëm.
"Jo", thotë, "është emri që u vihet shenjave të ngjyrosura të predhave në trotuar. Për çdo predhë që ka vra të paktën tre veta, i kanë ly me të kuqe".

Kanë ngjyrosë veç shenjat e predhave që kanë vra të paktën tre veta? Dikush do të ketë vendosë se do të bëheshin shumë nëse do të ngjyroseshin ato që kanë vra nga një ose dy.

Mustafa e ndal veturën pranë një kafeneje.
"Po të lë këtu", thotë.
"Ok", ia kthej.
Shikoj nga dritarja anësore.
"Kjo është katedralja katolike", thotë, "hotelin e ke fill mbrapa saj".
"Ok", ia kthej.
"Në korsinë pranë katedrales", thotë, "do të shohësh një trëndafil të Sarajevës".
"Ok", ia kthej.

Rrimë në heshtje.
Ai buzëqesh dhe tund krye drejt derës.
"Ok", thotë, "shpresoj që të pëlqeu udhëtimi".
"Po", them, "më pëlqeu".

Say something else.
Something.
"Thanks," I say.
"You are welcome," he says.
He nods and drums his fingers on the steering wheel.
"Please leave a review with the agency if you wish," he smiles.
"Of course," I say. "I will."
Say something.

He looks at me.
He wants to go.
To his wife's parents house to see his family.
I hand him the money.
"Please," I say, "you and your wife have a drink."
"Thank you," he says, "this is very kind."
"Thank you," I say again. "Really, I...I will always remember this day."
He nods.
"Ok," I say, "goodbye."
"Goodbye," he says.
I open the door and get out.
Mustafa waves.
He drives off.
He turns a bend by a tramline.
And then he's gone.

I walk down the lane beside the cathedral.
On the right-hand side there is a row of busy cafes.
On the left beside the cathedral wall I find the Rose of Sarajevo.
An ugly splayed scar on the ground painted red.
People walk past and over the flower.
Eventually there is a break in the crowd.
I take a picture.

Then I walk back to the hotel.

Thuaj diçka tjetër.
Diçka.
"Falemnderit", i them.
"Me nder qofsh", thotë.
Ai tund krye dhe i bie timonit me gishta si daulles.
"Të lutem lëri një vlerësim agjencisë po deshe", buzëqesh.
"Sigurisht", i them, "do t'ia lë".
Thuaj diçka.

Ai më shikon.
Do me shku.
Te prindët e gruas me pa familjen e vet.
Unë ia dorëzoj paret.
"Të lutem", i them, "ti dhe gruaja pini nga një pije".
"Falemnderit", thotë, "ta di për nder".
"Falemnderit" i them prapë. "Vërtet, unë... kurrë s'do ta harroj këtë ditë".
Ai tund kryet.
"Ok", them, "lamtumirë".
"Lamtumirë", thotë ai.
Hap derën dhe dal.
Mustafa ma bën me dorë.
Largohet me makinë.
Merr një kthesë afër tramvajit.
Pastaj zhduket.

Unë eci në korsinë pranë katedrales.
Në të djathtë janë varg kafene të mbushura.
Në të majtë pranë murit të katedrales gjej Trëndafilin e Sarajevës.
Një shenjë e shëmtuar e hapur në tokë, ly me të kuqe.
Njerëzit ecin skaj dhe sipër lules.
Ngandonjëherë ka shkëputje në turmë.
Bëj një foto.

Mandej eci deri te hoteli.

"They are loved again..."

"Ata duhen prapë..."

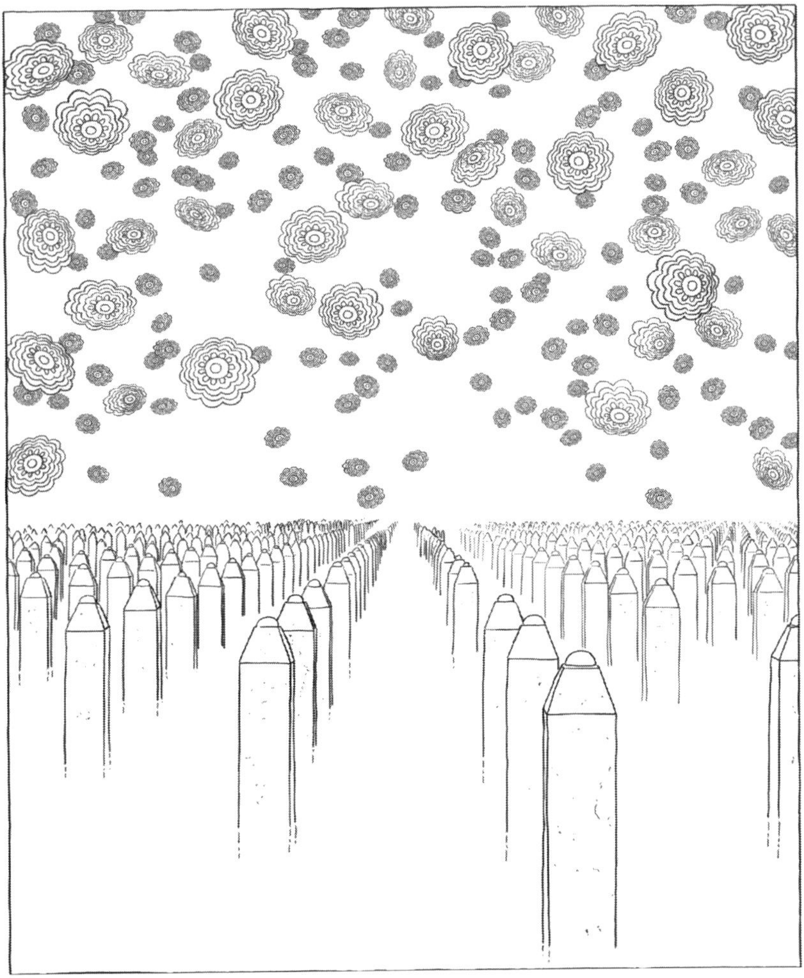

On the stairs back up to my room I pass a family of Americans coming down.
They are holding towels.
The children are talking excitedly about the pool.

My phone pings when I get to my room.
The WIFI has reconnected.
It's a message from my wife.
"How was your day?" she asks. "We are all well. We miss you."
I don't know what to write.
I look out the window.
A cat sits in a tree stalking two pigeons.
"I love you all," I write. "It was a long day."

A long day.
I will have to say more.
But not now.

I must eat, I think.
So, I do.
I go out and I eat.
And I come back.

I pack my suitcase.
I put the little pink-striped bag inside.
I should have bought something else.
I decide I should sleep.
So, I try to.

And I do.
At least a little.
I wake.
There is so much to dream about it stops me sleeping.

Shkallëve për te dhoma kaloj skaj një familjeje amerikane që po zbret.
Po mbajnë peshqirë.
Fëmijët po flasin të emocionuar për pishinën.

Telefoni më sinjalizon kur shkoj në dhomë.
Interneti është rilidhë.
Është një mesazh nga gruaja.
"Si e kalove ditën?" më pyet. "Ne jemi të gjithë mirë. Na ka marrë malli".
Nuk di çka t'i shkruaj.
Shikoj nga dritarja.
Një mace ulet në pemë duke ndjekë dy pëllumba.
"Ju dua të gjithëve", i shkruaj. "Ishte ditë e gjatë".

Ditë e gjatë.
Do të më duhet me thënë më shumë.
Por jo tani.

Duhet të ha, mendoj.
Prandaj ha.
Dal jashtë dhe ha.
Dhe kthehem.

Paketoj valixhen.
E fus brenda qeskën e vogël me vija rozë.
Të kisha ble diçka tjetër.
Vendos se duhet të fle.
Prandaj, përpiqem.

Dhe fle.
Të paktën pak.
Zgjohem.
Ka aq shumë për të ëndërru sa nuk fle dot.

I try to think about something simple to help me drift off.
The plot of a book.
Or a film.
I fall into a half-sleep.
I think about the names of boys in my final year at school in 1995.
Dermot.
Cormac.
Conor.
John.

And they line up and smile at me.
And there's Mustafa.
Smiling too.
And smoking.
And sweating.
And eating a sandwich.
And laughing at Americans.

And Mustafa leads me again to the entrance of the graveyard.
It's night and it's dark.
There are no stars.
I hear something move.
I see a crowd walking through the graveyard.
They are calling out names and putting something on the graves.

I walk towards them.
They are scattering Flowers of Srebrenica.
On every grave.
Thousands.
And the ground trembles, so I kneel.
And I watch.

Mundohem me mendu për diçka të thjeshtë që të më ndihmojë të përgjumem.
Fabulën e ndonjë libri.
Ose të ndonjë filmi.
Bie në gjysmë gjumi.
Mendoj për emrat e djemve në vitin e fundit të shkollës më 1995.
Dermot.
Cormac.
Conor.
John.

Dhe ata rreshtohen e më buzëqeshin.
Dhe aty është Mustafa.
Po ashtu duke buzëqeshë.
Dhe duke pi duhan.
E duke u djersitë.
E duke ngrënë sanduiç.
E duke qeshë me amerikanët.

Dhe Mustafa më çon prapë në hyrje të varrezave.
Është natë dhe terr.
Nuk ka yje.
Ndiej diçka.
Shoh një turmë që ecën varrezave.
Thërrasin emra dhe vënë diçka mbi varre.
Unë eci drejt tyre.
Ata po shpërndajnë Lulet e Srebrenicës.
Në çdo varr.
Me mijëra.
E toka dridhet, prandaj gjunjëzohem.
Dhe shikoj.

Six young boys appear,
and six mothers walk from among the crowd.
The mothers hold the boys and hug them.
And an old man appears, and an old woman takes his shaking hand.
And a little girl, and a man, and a boy, walk forward and they are all hugged, and they are loved again.
And Hasan Nuhanović holds his mother and his father and his brother.
And Senad Hasanovic takes the hand of the wife and children he never met, and they dance, and they laugh.
And all that happened is remembered.
And this night is not about those who did wrong and didn't do right.
The Flowers of Srebrenica fall like gentle rain across the graveyard.
More people embrace as the crowd swells.
And the light from thousands of eyes burning with love shines through the night.

And I see Mustafa.
Standing.
Watching.
Holding the hand of the little girl in the Hello Kitty top.

And they are smiling.

Shfaqen gjashtë djem të rinj,
dhe gjashtë nëna ecin mes turmës.
Nënat i mbajnë djemtë dhe i përqafojnë.
Dhe shfaqet një plak, e një plakë ia kap dorën që i dridhet.
Dhe një vajzuke, një burrë e një çun, ecin përpara dhe të gjithë përqafohen e duhen përsëri.
Dhe Hasan Nuhanović mban nënën, babain dhe vëllain.
E Senad Hasanović e merr për dore gruan dhe fëmijët që nuk i takoi kurrë, dhe kërcejnë e qeshin.
Dhe gjithë ç'ka ndodhë mbahet mend.
Dhe kjo natë s'ka të bëjë me ata që kanë bë keq dhe nuk kanë bë mirë.
Lulet e Srebrenicës bien si shi i butë nëpër varreza.
Më shumë njerëz përqafohen ndërsa turma rritet.
Dhe drita prej mijëra sysh që digjen nga dashuria shkëlqen nëpër natë.

E shoh Mustafën.
Duke ndejtë.
Duke shiku.
Duke ia mbajtë dorën vogëlushes me bluzën Hello Kitty.

Dhe ata po buzëqeshin.

“Into the sky above Potočari... “

‘Në qiellin mbi Potoçari... ‘

I leave the graveyard and see Mustafa walking to the UN base with the little girl.
I follow them inside.
I hear birds chirping and I feel a coldness.

I watch him walk through the building.
He's crying and she's crying and he's holding her.
The French General comes towards them.
"I will never abandon you," he says.
But then the Dutch soldiers form a ring around them and do the conga.
Mustafa pulls the girl close so she can't see them.
Mladic and the Dutch Colonel wander over, arm in arm.
The Dutch Colonel is drinking the wine Mladic bought for his wife.
"No good guys, no bad guys," he roars.
Mladic laughs and shouts, "Women and children to the right; men to the left."
The barber and Hasan Nuhanović watch from a distance.
I can't see Mustafa anymore, but I hear him crying.

On the walls the words appear...
"UN: United Nothing"
"I'm your best Friend I Kill You For Nothing: Bosnie 94"
"No Tourists So No Money- No Business So No Economy- No Peace So No Future"
"My Ass is Like a Local: It's Got the Same Smell"
"No teeth...? A moustache...? Smells like Shit...? Bosnian Girl!"
The mouse/women hybrids shoot pistols as they ride across the ceiling on motorbikes.

There's a woman sitting further away.
She's crocheting a flower.
There are thousands in a pile beside her.
She's not watching.
She's seen all this before.
She's rocking slowly back and forth.

Largohem nga varrezat dhe shoh Mustafën tek ecën drejt bazës së OKB-së me vogëlushen.
Hyj brenda pas tyre.
Ndiej cicërimat e zogjve dhe ndjej të ftohtë.

E shikoj duke ecë nëpër ndërtesë.
Ai po qan, ajo po qan, e ai po e mban.
Gjenerali francez vjen drejt tyre.
"S'do t'ju braktis kurrë", u thotë.
Por pastaj ushtarët holandezë u vijnë përreth dhe kërcejnë *conga*.
Mustafa tërheq vogëlushen afër që të mos i shohë.
Mladić dhe koloneli holandez vijnë vërdallë, krah për krah.
Koloneli holandez po e pi venën që Mladić ia ka ble gruas së tij.
"S'ka çuna të mirë, as çuna të këqij", ulërin ai.
Mladić qesh e bërtet: "Gratë me fëmijë në të djathtë; burrat në të majtë".
Berberi dhe Hasan Nuhanović shikojnë nga larg.
Mustafën nuk e shoh më, por e ndiej duke qa.

Në mure shfaqen fjalët...
'OKB: Organizata Kundër Bashkimit'
"Të kam shok të ngushtë dhe të vras pa pare: Bosnje '94"
"S'ka turistë, pra s'ka pare- s'ka biznes, pra s'ka ekonomi- s'ka paqe, pra s'ka të ardhme".
"Bythën e kam si vendasit: njëjtë i vjen era"
"Pa dhëmbë...? Me mustaqe...? I vjen era mut...? Vajzë boshnjake!"
Ato hibridet mi-gra qëllojnë me pistoleta teksa i bien me motoçikleta tavanit.

Një grua është e ulur më larg.
Është duke thurë me grep një lule.
Me mijëra janë në një grumbull afër saj.
Ajo nuk po shikon.
I ka pa të gjitha këto më parë.
Po tundet lehtas para-mbrapa.
Dhe unë mendoj se mund të ketë ndonjë përgjigje.

And I think she might have an answer.
So I walk towards her.
And I ask her.
But I can't hear the question.
And she doesn't look up.

Then the heat demons appear.
And they laugh.
And they point.
And someone notices I'm naked.
And they laugh some more.
And they put their arms around me, and they fly me up into the sky above Potočari.
And down below I see the UN base.
And the graveyard.
And the souvenir shop.
And I hear something creak and something break.
And I think it's a dam.
And the heat demons laugh, and they point.
And I watch as a thick red, white, and blue wave moves towards the UN base, the graveyard, and the souvenir shop.
And there is a sucking sound and then there is nothing left.
And I cry out, but I don't think anyone hears.
And I wake.
And I wonder where Mustafa is...

Prandaj eci drejt saj.
Dhe e pyes.
Por nuk mund ta ndiej pyetjen.
Dhe ajo nuk e çon kryet.

Pastaj shfaqen demonët e vapës.
Dhe qeshin.
Dhe tregojnë me gisht.
E dikush vëren se jam lakuriq.
Dhe qeshin edhe më shumë.
Dhe ma vënë krahun e më fluturojnë lart në qiellin mbi Potoçari.
Dhe poshtë shoh bazën e OKB-së.
Dhe varrezat.
Dhe dyqanin e suvenireve.
Dhe ndiej diçka që kërcet e diçka që thyhet.
Dhe mendoj se është digë.
Dhe demonët e vapës qeshin, e tregojnë me gisht.
Dhe shikoj si një valë e trashë, kuq, bardh e kaltër, lëviz drejt bazës së OKB-së, varrezave dhe dyqanit të suvenireve.
Dhe ka zhurmë thithëse e më pas nuk mbetet gjë.
E unë bërtas, por nuk më duket se më ndien kush.
Dhe zgjohem.
Dhe vras mendjen a thua ku bëhet Mustafa...

WHITSTABLE
VATICANO
MANTELLA SICILIANA
I NY
AUSTRALIA
NEW ORLEANS
WE BE JAZZIN'
FREEZER
FRIDGE
-18°
04
DON'T FORGET
SREBRENICA
TENERIFE
PADSTOW
COLOSSUS-RHODES
Ljubljana
Luimneach
LEYSDOWN
AT
Disneyland

Dr Aidan Hehir is a Reader in International Relations at the University of Westminster. His research interests include transitional justice, humanitarian intervention, and statebuilding in the Balkans. He is the author/editor of ten books and co-editor of the Routledge Intervention and Statebuilding book series. He lives with his family in Gillingham, England and occasionally writes poetry, prose and plays (and used to be in a hugely unsuccessful band). This is his first non-academic book. He can be contacted on A.hehir@wmin.ac.uk or via twitter @farcanals

David has a wide-ranging career that has covered many areas in the world of art and design. His illustrations and design work can be found in a variety of publications including books, magazines, comics and album covers. He has also provided businesses with designs, published books, designed posters and created artist's impressions for architectural companies. David has exhibited his work in renowned galleries and museums, displaying his passion for storytelling, reportage drawing and brutalist architecture. David is currently the Art Specialist at Luton Primary School and a member of the Medway based art group Colony. Website: www.daveyf.co.uk Instagram: @davidfrankum

Dr. Aidan Hehir është professor i Marrëdhënieve Ndërkombëtare në Universitetin e Westminster. Interesat e tij hulumtuese përfshijnë drejtësinë tranzicionale, ndërhyrjet humanitare dhe proceset shtetndërtuese në Ballkan. Ai është autor/redaktor i dhjetë librave dhe bashkë-redaktor i serisë së librave "Ndërhyrja dhe shtetndërtimi" nga botuesi britanik *Routledge*. Ai jeton me familjen e tij në Gillingham të Anglisë dhe herë pas here shkruan poezi, prozë dhe dramë (si dhe ka qenë pjesë e një bendi muzikor tejet të pasuksesshëm). Ky është libri i tij i pare jo-akademik. Atë mund ta kontaktoni në A.hehir@wmin.ac.uk ose përmes Twitter-it @farcanals

David ka një karrierë të gjerë që ka mbuluar shumë fusha në botën e artit dhe dizajnit. Ilustrimet dhe dizajnet e tij mund të gjenden në një varg botimesh që përfshijnë libra, revista, stripa dhe ballina albumesh. Ai gjithashtu ka bërë dizajne për biznese të ndryshme, ka botuar libra, ka dizajnuar posterë dhe ka krijuar imazhe artistike për kompani të arkitekturës. David ka ekspozuar punën e tij në galeri e muze të njohur, duke shfaqur pasionin e tij për rrëfimtarinë, vizatime-reportazhe dhe arkitekturën brutaliste. Aktualisht, David është specialist i artit në Shkollën Fillore Luton dhe pjesëtar i kolonisë artistike me bazë në Medway. Uebfaqja: www.daveyf.co.uk
Instagram: @davidfrankum

QENDRA MULTIMEDIA MBËSHTETET NGA / IS SUPPORTED BY:

Rockefeller Brothers Fund
Philanthropy for an Interdependent Wor

THE SIGRID RAUSING TRUST

Katalogimi në botim – (CIP)
Biblioteka Kombëtare e Kosovës "Pjetër Bogdani"

821.111-94

Hehir, Aidan

The flowers of Srebrenica = Lulet e Srebrenicës / Aidan Hehir, David Frankum; përkthimi nga gjuha angleze në shqipe Gazmend Bërlajolli. - Prishtinë: Qendra Multimedia, 2022. - 290 f.: ilustr; 21 cm.

Titulli dhe teksti në gjuhën angleze dhe shqipe

Letërsia angleze -- Përkthime në shqip -- Rrëfime vetjake

ISBN 978-9951-651-61-5